Jörg Dauscher

111
Mal lecker essen
auf
Mallorca

emons:

Bibliografische Information der Deutschen Nationalbibliothek
Die Deutsche Nationalbibliothek verzeichnet diese Publikation
in der Deutschen Nationalbibliografie; detaillierte bibliografische
Daten sind im Internet über http://dnb.d-nb.de abrufbar.

© Emons Verlag GmbH
Cäcilienstraße 48
50667 Köln
info@emons-verlag.de
Alle Rechte vorbehalten
© der Fotografien: siehe Seite 239
Covermotiv: shutterstock/Bildgigant, shutterstock/Concept Island,
shutterstock/Jose Luis Vega, shutterstock/Oksana Mizina,
shutterstock/Ermak Oksana, shutterstock/PerfectFood
Covergestaltung: Karolin Meinert
Lektorat: Andreas Zinßer
Layout: Eva Kraskes, nach einem Konzept
von Lübbeke | Naumann | Thoben
Kartografie: altancicek.design, www.altancicek.de
Kartenbasisinformationen aus Openstreetmap,
© OpenStreetMap-Mitwirkende, ODbL
Druck und Bindung: sourc-e GmbH
Printed in Germany 2025
ISBN 978-3-7408-2319-1

Unser Newsletter informiert Sie
regelmäßig über Neues von emons:
Kostenlos bestellen unter
www.emons-verlag.de

Die automatisierte Analyse des Werkes, um daraus Informationen
insbesondere über Muster, Trends und Korrelationen gemäß
§ 44b UrhG (»Text und Data Mining«) zu gewinnen, ist untersagt.

Vorwort

Mallorca ist eine Insel der Fülle, reich an kulinarischen Traditionen, hervorragenden Produkten, außergewöhnlichen Restaurants und nicht zuletzt an Gästen, die diese Vielfalt zu schätzen wissen. Es ist daher nicht schwer, 111 Orte zu finden, die einen Besuch absolut lohnenswert machen. Der Bogen ist dabei genauso weit gespannt wie die kulinarische Auswahl, die Mallorca zu bieten hat – vom Street Food bis zur Sterneküche, vom traditionellen mallorquinischen Gericht bis hin zur kreativen peruanischen Küche.

Nicht jeder dieser Orte ist ausschließlich ein kulinarisches Highlight – manchmal machen auch die Geschichte, die Tradition oder die Terrasse mit Meerblick den Besuch zu einem besonderen Erlebnis. Häufig muss die Küche mehr Kompromisse an den Massengeschmack machen, als ihr gut tut, und verliert dabei an Profil. Mallorca ist eben nicht nur die Insel der Fülle, sondern auch die der Auswahl – und diese kann mitunter überwältigend wirken. Selbst in den kleinsten Küstennestern gibt es eine überwältigende Zahl an Optionen, die einen schnell überfordern kann.

Dieser Guide fokussiert sich daher auf einzigartige Locations, besondere Restaurants und authentische Küchen – denn dass man auf Mallorca grundsätzlich gut isst, versteht sich fast von selbst. Testen Sie das jenseits dieser Empfehlungen doch einfach selbst. Kehren Sie in eine Bar oder einen Gastropub ein und bestellen Sie das, was Ihnen empfohlen wird. Es wird gut sein. Es ist auf Mallorca meistens gut, oft sehr gut und häufig einfach herausragend.

Bon profit!

111 Orte

1   Anita Cakes | Palma
La Vie en Rose | 10

2   Aromata | Palma
Genestras Zweitküche | 12

3   Brasa Madre | Palma
Feuer und Flamme | 14

4   Bàrbar | Palma
Lässigkeit und Stil | 16

5   BrunchIt | Palma
Bunt gewinnt | 18

6   Candy Heaven | Palma
Im Schlaraffenland | 20

7   Ca'n Eduardo | Palma
Bester Fisch in Palma | 22

8   Can Ibéric | Palma
Schweinereien vom Festland | 24

9   Ca'n Joan de s'Aigo | Palma
Tradition aus Schokolade | 26

10   Casa Maruka | Palma
Sterneköche undercover | 28

11   Celler Sa Premsa | Palma
Einfach ist besser | 30

12   Destilerías Antonio Nadal | Palma
Túnelblick seit 1898 | 32

13   Don't cry for me | Palma
Empanadas to go | 34

14   Emilio's Innobar | Palma
Kulinarisches Kaleidoskop | 36

15   The Federal | Palma
Eggs Downunder | 38

16   Fornet de la Soca | Palma
Die Urpizza | 40

17   Forn del St. Cristo | Palma
Café im Jugendstil | 42

18   Forn Fondo | Palma
Tiefe Tradition | 44

| 19 | Kaizen Sushi Bar \| Palma
Anspruchsvoll japanisch \| 46 |
|---|---|
| 20 | L'Informal Tacos \| Palma
Mehr als nur Imbiss \| 48 |
| 21 | La Luna \| Palma
Gleich eine geschmiert! \| 50 |
| 22 | Marc Fosh \| Palma
Fine-Dining-Vorreiter \| 52 |
| 23 | Mercat de l'Olivar \| Palma
Markthalle der Genüsse \| 54 |
| 24 | La Montaña \| Palma
All in one \| 56 |
| 25 | Omnia \| Palma
Peruanische Perfektion ohne Protz \| 58 |
| 26 | Ostras Daniel Sorlut \| Palma
Schampus am Vormittag \| 60 |
| 27 | Panadería S'Estació \| Palma
Bäckerei mit Durchblick \| 62 |
| 28 | Panenostro \| Palma
Römerbrot? \| 64 |
| 29 | Pastelería Ca Na Cati \| Palma
Überraschungspakete \| 66 |
| 30 | Es Príncep \| Palma
Trüffel mit Trüffeln \| 68 |
| 31 | Purozushi \| Palma
Bunte-Sterne-Sushi \| 70 |
| 32 | QueBO \| Palma
Die Kantine \| 72 |
| 33 | Rivareno \| Palma
Die beste Eisdiele Mallorcas? \| 74 |
| 34 | Torrons Vicens \| Palma
Tradition mit Biss \| 76 |
| 35 | Tramuntana \| Palma
Fingerfood im Sitzen \| 78 |
| 36 | Trampó Fruiteria \| Palma
Tomatensalatomatensalato \| 80 |
| 37 | La Madeleine de Proust \| Santa Catalina
Souvenirs … \| 82 |
| 38 | Mama Carmen's \| Santa Catalina
Veganer Frühstücks-Hotspot \| 84 |

39 ___ Mercat de Santa Catalina | Santa Catalina
Hippes Viertel, hipper Markt | 86

40 ___ Naan World Street Food | Santa Catalina
Weltreise auf dem Teller | 88

41 ___ Nola | Santa Catalina
Schmutzige Finger | 90

42 ___ La Nueva Burguesa | Santa Catalina
Burgerpflicht! | 92

43 ___ Ohayo Poké | Santa Catalina
All in one | 94

44 ___ El Perrito | Santa Catalina
Lauter Leckerlis | 96

45 ___ Primo Taqueria | Santa Catalina
Tacos vom Feinsten | 98

46 ___ Qesos Artesanos | Santa Catalina
Käseglück zum Mitnehmen | 100

47 ___ Taberna Vasca Jai-Alai | Santa Catalina
Feste feiern | 102

48 ___ Vinostrum La Fábrica | Santa Catalina
Bar, Bistro und Laden | 104

49 ___ The Windmill Kitchen | Santa Catalina
Self Service hoch zwei | 106

50 ___ Xólotl | Santa Catalina
Wild at Heart | 108

51 ___ Mesón Ca'n Pedro | Génova
Über den Dächern | 110

52 ___ Las Terrazas de Bendinat | Bendinat
Klassiker mit Klippenblick | 112

53 ___ The Blue Bar | Palmanova
Rundumschlag mit Aussicht | 114

54 ___ Son Borguny | Banyalbufar
Klein, aber fein | 116

55 ___ Mesón La Villa | Esporles
Entdeckung der Langsamkeit | 118

56 ___ Pastisseria Ca'n Molinas | Valldemossa
Originaler wird's nicht | 120

57 ___ Fet a Sóller | Sóller
Zitrusrevival | 122

58 ___ Can Benet | Fornalutx
Mittendrin statt nur dabei | 124

59 — Ritma | Fornalutx
Der vogelfreie Chef | 126

60 — Restaurante Sa Foradada | Sa Foradada
Paella at its best | 128

61 — Sa Calobra | Escorca
Picknick ist Pflicht | 130

62 — Restaurante Orient | Orient
Pilgerstätte | 132

63 — Es Verger | Alaró
Pilgerstätte die Zweite | 134

64 — Es P'dal | Binissalem
Weinkehr | 136

65 — Volvér | Binissalem
La Dolce Pizza | 138

66 — Can Company | Inca
Vom schwarzen Schwein | 140

67 — Celler Ca'n Ripoll | Inca
Unverfälscht | 142

68 — Greixoneras | Inca
Ohne geht nicht | 144

69 — Quely | Inca
Brotersatz aus Inca | 146

70 — Miceli | Selva
Preisverdächtig | 148

71 — Ca'n Pere | Alcúdia
Look no further | 150

72 — Sa Mossegada | Alcúdia
Ruhepol an der Stadtmauer | 152

73 — Ca'n Matevet | Port d'Alcúdia
Wermutstropfen | 154

74 — Ca'n Punyetes | Port d'Alcúdia
Traditionelle Tapas | 156

75 — Namaste Himalaya | Port d'Alcúdia
Dem Himalaya so nah | 158

76 — Negre | Port d'Alcúdia
Steak & Style mit Hafenblick | 160

77 — Nisi | Port d'Alcúdia
Versteckte Eleganz | 162

78 — Bar Océano | Port d'Alcúdia
Die Bar | 164

79   Patagonia | Port d'Alcúdia
Frühstücksbomben | 166

80   Polvorones | Port d'Alcúdia
Kleine Krümelmonster | 168

81   Bar Casa Miss | Sa Pobla
Schönheitspreis! | 170

82   Fusion19 | Playa de Muro
Weltoffenes Fine Dining | 172

83   Celler de Can Font | Sineu
Bombenaroma | 174

84   Molí d'en Pau | Sineu
Autor in der Küche! | 176

85   Es Celler | Petra
Tradition im Topf | 178

86   La Bicicletta | Artà
Gelato und Kohlenhydrate | 180

87   El Cactus | Cala Rajada
Wiederkehr des Verdrängten | 182

88   Es Coll d'Os | Cala Rajada
Kleine Enklave | 184

89   Restaurante del Mar | Cala Rajada
Sundowner mit Meeresrauschen | 186

90   El Gaucho del Mar | Cala Rajada
Argentinischer Fleischtempel! | 188

91   Mama Pizza | Cala Rajada
Balkon mit Belag | 190

92   Noahs Lounge | Cala Rajada
Rundumschlag am Hafen | 192

93   Royal | Cala Rajada
Rosin rauspicken | 194

94   Tango10 | Cala Rajada
Empanadas mit Herz | 196

95   Xiringuito | Cala Rajada
Chillen mit Meerblick | 198

96   Can Simoneta | Canyamel
Mexikanisch-mallorquinische Preziosen | 200

97   Ristorante Peperoncino | Son Servera
La Prima, la Seconda e la Dolce Vita | 202

98   Bonanza | Cala Millor
Platzhirsch | 204

99 — Bon Gust | Manacor
Mittags wie ein König | 206

100 — Es Cruce | Vilafranca de Bonany
Fünf Tonnen für Sant Marc | 208

101 — Yaya's | Cala d'Or
Unbedingt anlegen! | 210

102 — Laudat | Santanyí
Schlicht und einfach! | 212

103 — Cassai Beachhouse | Colònia de Sant Jordi
Fluchtort | 214

104 — Panadería Pons | Colònia de Sant Jordi
Urweizen und Spanferkel | 216

105 — Casa Manolo | Ses Salines
In dritter Generation | 218

106 — Bodegas Bordoy | Llucmajor
Vespern im Natursteinensemble | 220

107 — Quina Brasa | Llucmajor
Mit dem Feuer spielen | 222

108 — Son Mut Nou | Llucmajor
Beim Herrn der Feigen | 224

109 — Hotel Zoëtry | Llucmajor
Sterneküche mit Bodenhaftung | 226

110 — Es 4 Vents | Algaida
Nichts Besonderes | 228

111 — Purobeach | Can Pastilla
White Lotus Reloaded | 230

1 Anita Cakes
La Vie en Rose

Ein ganz und gar in Rosa gehaltenes Paradies für Naschkatzen: Anita Cakes ist der Ort in Palma, an dem süße Träume wahr werden. In dem winzigen, aber liebevoll eingerichteten Laden stapeln sich kunstvoll dekorierte Cupcakes, üppige Torten und sündhaft gute Brownies sowie quietschbunt dekorierte Croissants. Alles wird täglich frisch gebacken – mit besten Zutaten und viel Liebe zum Detail. Die Spezialität des Hauses nennt sich Red Velvet Cake – herrlich saftig, mit einer feinen Balance zwischen Süße und Säure und einer buttrigen Frischkäsecreme, die auf der Zunge zergeht. Auch der Carrot Cake ist ein Publikumsliebling, dicht und aromatisch, mit knackigen Walnüssen und einem Hauch Zimt. Dazu gibt's Kaffee oder hausgemachte Limonade – perfekt für eine süße Pause in der Altstadt. Der Laden selbst ist winzig und oft bis auf den letzten Platz gefüllt, aber genau das macht den Charme aus: ein quirliger Treffpunkt für alle, die gutes Gebäck lieben. Wer Glück hat, ergattert einen der wenigen Plätze oder nimmt sein Küchlein einfach mit auf einen Spaziergang durch Palma.

All das wirkt auf den ersten Blick ein wenig, als hätte sich eine Auswanderin auf Mallorca ihren Traum verwirklicht, aber weit gefehlt: Ana und Pepe, die beiden Köpfe hinter Anita, haben vor über zehn Jahren mit einem Workshop angefangen, innerhalb dessen personalisierte Kuchen gebacken wurden. Das kam so gut an, dass die beiden bald darauf in einen rosa Foodtruck investierten und vor allem Feiern und Hochzeiten ausstatteten. Dann erst eröffneten sie das Ladengeschäft und erweiterten um ein Frühstücksangebot aus Waffeln, Bagels, Pfannkuchen und Toasts. Inzwischen bewirtschaften sie zwei weitere Filialen am Kathmandu Park in Magaluf und im Einkaufszentrum FAN Mallorca. Heute noch kann man Anita für Events buchen, die dann unter anderem aus einem ebenfalls rosafarbenen Wohnwagen heraus die Anwesenden beglückt.

Adresse Carrer de Colom 16, 07001 Palma, www.anitacakes.es | ÖPNV 11 Minuten zu Fuß von der Intermodal | Öffnungszeiten Mo–Sa 10–20 Uhr

2 Aromata
Genestras Zweitküche

Palmas Gastronomieszene hat ihre schicken Adressen, ihre Fine-Dining-Tempel, in denen man sich einmal im Leben etwas gönnt – und dann gibt es das Aromata. Ein Restaurant, das die Handschrift eines Michelin-Sternekochs trägt, aber eben nicht die Preisschilder, die einem das Genießen verleiden. Andreu Genestra, der Mann hinter der Küche, steht für Haute Cuisine, doch hier zeigt er, dass feines Essen nicht abgehoben sein muss. Das Aromata ist nach dem besternten »Genestra« im Hotel Zoëtry sein weniger formales Zweitrestaurant, der Meister kocht hier zwar nicht selbst, hat aber die Speisen kreiert.

Das Aromata versteckt sich im Hotel HM Palma Blanc und in einem der charmantesten Innenhöfe der Stadt, mitten in einem alten Herrenhaus, dessen Sandsteinbögen und historisches Gemäuer eine fast klösterliche Ruhe ausstrahlen. Es ist elegant modernisiert, hell, einladend, unverkrampft. Man kommt rein, atmet durch, bestellt einen Wein und weiß: Das wird gut. Vor allem mittags ist das Aromata eine der besten Adressen der Stadt, weil es ein ambitioniertes Mittagsmenü zu einem Preis bietet, für den man andernorts viel tiefer in die Tasche greifen müsste.

Die Küche? Mallorquinische Aromen mit modernem Dreh und ungemein elegant präsentiert. Genestras Sterneküche färbt in Sachen Präzision und Präsentation auf das Aromata ab, sodass man sich fragt, wie sich das denn überhaupt steigern lässt. Auch im Aromata gibt es abends ein Degustationsmenü aus zahllosen Gängen für alle, die sich einmal quer durch Genestras Ideenwelt essen wollen, ohne sich dadurch in den finanziellen Ruin zu stürzen – das sieht dann absolut nach Sterneküche aus.

Das Aromata beweist, dass Spitzenküche nicht elitär sein muss, dass großartiges Essen nicht gleichbedeutend ist mit steifer Atmosphäre und dass man auch in einem ehemaligen Herrenhaus wunderbar entspannt genießen kann.

Adresse Carrer de Ramon y Cajal 12, 07011 Palma, www.aromatarestaurant.com, Tel. +34/971007014 | **ÖPNV** mit den Buslinien 1 und 5 zur Haltestelle Instituts, von dort wenige Minuten | **Öffnungszeiten** täglich 13–15 und 19.30–21 Uhr, So und Mo nur mittags

PALMA

3_ Brasa Madre
Feuer und Flamme

Okay, Vegetarier sollten hier wirklich draußen bleiben, das ist sonst kein Spaß. Aber wer Fleisch liebt und bereit ist, für außerordentliche Qualität tiefer in die Tasche zu greifen, der wird das Brasa Madre in Palmas Viertel La Lonja lieben. Hier dreht sich alles um die Kunst des Grillens – die perfekte Symbiose aus Hitze, Glut und erstklassigem Fleisch. Das kleine, recht elegante, aber zwanglose Carnivoren-Lokal liegt leicht versteckt, schon beim Betreten spürt man, dass es hier direkt zur Sache geht.

Brasa Madre bedeutet übersetzt »Mutterglut« – eine poetische Hommage an die archaische Kraft des Kochens über offener Flamme: »Brasa« steht für Glut oder Kohlen, »Madre« für Mutter im Sinne von Ursprung. Der Name bringt es auf den Punkt. Im Brasa Madre geht es zurück zu den Wurzeln, zu ehrlicher Handwerkskunst und der ursprünglichen Idee des Kochens. Die Kohlenglut, auf der alles basiert, ist also keine Effekthascherei, sondern das absolute Herzstück des Restaurants.

Doch was wäre das beste Feuer ohne herausragende Zutaten? Genau hier setzt das Brasa Madre Maßstäbe. Die Auswahl an Fleisch ist ein Fest für jeden Gourmet – vom zertifizierten Black Angus aus Argentinien über mallorquinische Spezialitäten bis hin zu Dry Aged Beef, das mindestens 30 Tage reifen durfte. Dieses Fleisch ist mehr als »gut« – es ist eine Klasse für sich. Reifung und der damit einhergehende Wasserverlust intensivieren die Aromen, das Ergebnis ist ein Steak, das außen knusprig karamellisiert ist und innen butterzart auf der Zunge zergeht. Hat aber seinen Preis! Genauso wie die Wildfang-Garnelen, welche die Karte ergänzen und ebenfalls über Holzkohle gegrillt werden.

Die Weinkarte schlägt ebenfalls eine Brücke nach Übersee und umfasst neben spanischen und mallorquinischen auch argentinische Positionen. Wobei man sich die Auswahl vom hauseigenen Sommelier erleichtern lassen sollte.

Adresse Carrer Sant Llorenç 23, 07012 Palma, www.brasamadre.com, Tel. +34/603490486 |
ÖPNV mit der Buslinie 3 bis zur Haltestelle Jaume III, von dort 6 Minuten zu Fuß |
Öffnungszeiten täglich 18.30–0 Uhr, So geschlossen

4 Bàrbar
Lässigkeit und Stil

Das Restaurant Bàrbar ist das jüngste Juwel im Krönchen der Amida-Gruppe, die sonst in Events und Catering macht und die historischen Gärten Jardines de Alfabia bespielt. Bezogen wurden ebenso urige wie stylische Räumlichkeiten unter Gewölbedecken – ausgerechnet in der romantischen Carrer de la Concepció im Herzen von Palma. Mit erstklassigen Restaurants wie dem Fera, Aromata und Emilio's Innobar war die Straße bereits hochkarätig besetzt, doch mit der Eröffnung des Bàrbar durch Antonio und Javier Calzada wurde das Angebot um ein weiteres Highlight bereichert.

Schon beim Betreten beeindruckt das Interieur des Bàrbar: Die traditionellen Sandsteinmauern samt der Gewölbedecken verleihen den Räumen eine lässige Eleganz, während warmes, indirektes Licht und die beleuchteten Regale mit der (selbstverständlich exzellenten) Wein- und Schaumweinauswahl raffinierte Akzente setzen. Verschiedene Sitzbereiche, darunter Hochtische und Plätze mit direktem Blick in die offene Küche, sorgen für Abwechslung und unterschiedliche Perspektiven.

Die Küche hingegen ist nicht ganz so einfach zu fassen, freilich läuft sie unter mallorquinisch, ist dabei jedoch von einer Schnörkellosigkeit und derart aufs Produkt konzentriert, dass von mediterraner Opulenz nichts zu spüren ist. Beispielsweise kommt hier nicht nur Dry-aged-Beef auf den Tisch, sondern auch Fisch wie die Bernsteinmakrele wird trockengereift, die Aromen so intensiviert. Hier scheint der Schlüssel zum Bàrbar zu liegen. Saisonale, lokale Zutaten, mallorquinische Verfahrensweisen, aber so reduziert, dass ein Maximum an Geschmackserlebnis dabei herauskommt. Im Prinzip spiegeln also die Räumlichkeiten das, was letztlich auf den Teller kommt: elegant, direkt, von schnörkelloser Rohheit und gerade deswegen perfekt ohne einzuschüchtern. Was daran barbarisch sein soll, bleibt allerdings erklärungsbedürftig.

Adresse Calle de la Concepció 3, 07012 Palma de Mallorca, www.barbarmallorca.com, Tel. +34/971583717 | **ÖPNV** mit den Buslinien 4, 7 und 20 bis zur Haltestelle Plaça de Joan Carles | **Öffnungszeiten** täglich 13–16 und 19–22.30 Uhr

5_ BrunchIt
Bunt gewinnt

Schon der Anblick des BrunchIt macht gute Laune, denn die Fassade ist über und über mit bunten Plastikblumen geschmückt. Und an Farbe wird man nicht vorbeikommen, ganz egal welche Brunch-Variante man bestellt: Alle sind auf maximale Buntheit ausgerichtet. Auf Texturen und Geschmack selbstredend auch, aber es schon auffällig, wie stark auf Farbigkeit geachtet wird: Hier noch ein Klecks roter Paprika, dort noch ein wenig Grün!

Als überzeugte Flexitarier bezeichnet sich die Crew, um so zu signalisieren, dass das BrunchIt auch auf die Buntheit ihrer Gästeschar setzt. Kann kommen, was will, Vorlieben, Allergien, Philosophien. Etwas wird sich finden und es wird bunt und lecker sein, ob mit Ei, mit Speck, mit Joghurt oder aber vegan! Kaffee spielt die zweite Hauptrolle, es gibt eigene Röstungen, und der Espresso wird mit einer LaMarzocco gezogen – also mit dem besten, was es weltweit an Espressomaschinen gibt. Die Baristi wissen, was sie tun und der Deutschen Lieblingskaffee, der Cappuccino, ist makellos!

Das BrunchIt in Palma ist übrigens nur eine von mehreren Filialen, auch auf Ibiza, in Alicante oder in Barcelona lässt sich bunter Brunch genießen. Alle der insgesamt zwölf Standorte schmücken sich mit einem Blumenmeer, die Karte jedoch ist der jeweiligen Location angepasst und nimmt Rücksicht auf deren Gegebenheiten. In Palma zum Beispiel wird Sobrasada für mehrere Gerichte verwendet, auf dem Festland hingegen Chorizo. Die Waffeln amerikanischen Stils kommen in Palma beispielsweise sowohl mit Spiegeleiern als auch mit Sobrasada, frittierten Kartoffelschnitten, essbaren Blüten und schwarzen Sesamsamen. Ein Frühstückstraum, visuell wie geschmacklich.

Wie ernst es dem BrunchIt mit dem perfekten Frühstück ist, sieht man auch daran, dass es schon um 16 Uhr schließt. Abends bleibt zu, kein Barbetrieb, nichts! Es kommt auf den Fokus an, und den hat das BrunchIt!

Adresse Carrer Capellers 2, 07002 Palma, www.brunchit.es, Tel. +34/911089446 | **ÖPNV** zu Fuß von der Intermodal in 11 Minuten | **Öffnungszeiten** täglich 9–16 Uhr

6 Candy Heaven
Im Schlaraffenland

Okay, das ist einer der wenigen Fälle, wo Text wirklich überflüssig ist – Bild und Titel reichen vollkommen aus, um Candy Heaven vollumfänglich zu erfassen. Aber die Fülle und die Optik sind nur das eine, der eigentliche Clou ist das Konzept. Denn Candy Heaven ist nicht einfach nur ein Süßwarenladen, sondern eine knallbunte Versuchung, die Kindheitsträume wahr werden lässt.

Die deckenhohen Regale quellen über mit importierten Süßigkeiten aus aller Welt: amerikanische XXL-Schokoriegel, skandinavische Lakritzbomben, britische Toffees und japanische KitKats in schrägen Geschmacksrichtungen. Wer sich hier nicht zwischen bunten Marshmallows und knusprigen Peanut Butter Cups verliert, hat entweder keinen süßen Zahn oder zu viel Selbstbeherrschung. Das Highlight dabei ist, sich aus der schier endlosen Auswahl an losen Süßigkeiten selbst zu bedienen und seine eigene Mischung zu kreieren – bezahlt wird anschließend das Gesamtgewicht. Man greife sich also eine der Schippen, tauche in die riesigen Behälter ein und stelle sich seine persönliche Zuckerladung zusammen. Von sauren Gummischlangen über knallrote Zimtbonbons bis hin zu fruchtig-spritzigen Brauseperlen – hier kann jeder seinen persönlichen Naschbeutel kreieren. Wobei die Angestellten außergewöhnlich kompetent sind und einem gern die eine oder andere Süßigkeit empfehlen – vermutlich mussten sie sich bei Einstellung durch das Sortiment ... testen. Ein Paradies für alle, die ihre Kindheitserinnerungen auffrischen oder einfach hemmungslos schlemmen wollen. Zuckerrausch inklusive.

Aber noch was anderes, das Lustige ist, dass man gar nichts probieren muss, um die ganzen Aromen aufzunehmen. Der gesamte Laden ist gesättigt mit Süßigkeitenduft. So wie man sich der Parfümabteilung im Kaufhaus schlecht entziehen kann, so schlägt einen Candy Heaven schon olfaktorisch in den Bann. Kann sein, dass der Himmel wirklich so riecht.

Adresse Carrer de la Bosseria 3, 07001 Palma | **ÖPNV** 11 Minuten zu Fuß von der Intermodal | **Öffnungszeiten** Mo–Sa 11.30–19 Uhr, So geschlossen

PALMA

7_ Ca'n Eduardo
Bester Fisch in Palma

Seit über 80 Jahren ist das Restaurant Ca'n Eduardo ein fester Bestandteil der kulinarischen Szene Palmas. Es liegt direkt über der Fischauktionshalle am Hafen, also dort, wo täglich der Fang anlandet, und bietet einen unvergleichlichen Blick auf die Kathedrale und über die Bucht von Palma. Die unmittelbare Nähe zum Fischmarkt ermöglicht es dem Restaurant, täglich fangfrischen Fisch und Meeresfrüchte direkt von der Auktion zu beziehen und sich dort das Beste auszusuchen. Es hat also Gründe, dass das Restaurant behauptet, den besten Fisch in Palma aufzutischen.

Spezialität des gehobenen Lokals sind neben zahllosen Fischgerichten vor allem Krustentiere, wie in der beliebten Hummer-Paella und Risottos. So traditionsverbunden und schnörkellos die Zubereitungsweisen auch sein mögen, Tischdecken und Präsentation sprechen eine andere Sprache und beste Fischqualität hat ihren Preis. In den Anfängen ab 1943 diente die damalige Casa Eduardo der Verpflegung der Fischer und Hafenarbeiter, die sich hier zum Essen nach der Schicht trafen – rustikale Gerichte wie Zarzuelas, Bouillabaisses und Reis mit Meeresfrüchten standen auf der Karte. Einfache, aber gehaltvolle Küche, deren Rezepte noch heute die Essenz der Insel bewahren.

Wo früher die traditionellen Fischerboote, die hölzernen Llaüts, vertäut lagen, liegen heute moderne Yachten und Freizeitboote vor Anker. Das Hafenareal ist längst nicht mehr nur Ausgangspunkt für Fischer, sondern ein lebendiger Treffpunkt für Touristen und Einheimische geworden. Und doch bleibt der Kern erhalten: Noch immer wird hier täglich frischer Fisch angelandet, genau wie vor 80 Jahren. Palmas gotische Kathedrale thront weiterhin als Wahrzeichen über dem Hafenareal, als Gott der Stadt und der Bucht. Die kleinen Fenster des Restaurants sind großen Glasfronten gewichen, aber man kann man noch immer den Schiffen beim Ab- und Anlegen zusehen.

Adresse Travesía Contramuelle (El Mollet) 3, 07012 Palma, www.caneduardo.com, Tel. +34/971721182 | **ÖPNV** mit der Buslinie 1 bis Haltestelle es Jonquet, von dort 5 Minuten zu Fuß | **Öffnungszeiten** Di–Sa 13–22 Uhr, So bis 15.30 Uhr, Mo geschlossen

8 Can Ibéric
Schweinereien vom Festland

Gäbe es Can Ibéric nicht, man müsste es erfinden. Denn eine Geschäftsstelle für Jamón Ibérico vom Festland braucht es in Palma, und dessen Botschaft ist das Can Ibéric mitten in der Fußgängerzone unweit der Plaça Major. Auf Mallorca gibt es trotz der zahlreichen Schweine keine Schinkenproduktion, es ist schlicht zu feucht, und selbst die guten Partien werden verwurstet. Aber was heißt hier Schinken? Der Jamón Ibérico de Belotta, den man hier in allen Varianten bekommt, ist nicht irgendein Schinken, er ist der König aller Schinken!

Er stammt vom Iberischen Schwein, das in den weitläufigen sogenannten Dehesas Süd- und Westspaniens frei umherzieht – wobei auf ein Schwein etwa ein Hektar Platz kommt! Zugefüttert wird nicht, das Wachstum auch nicht beschleunigt. Während der sogenannten Montanera-Phase zwischen Oktober und März fressen die Schweine ausschließlich Eicheln (Bellotas), Gräser und Wildkräuter. Diese natürliche Ernährung verleiht dem Schinken sein unverwechselbares Aroma: leicht süßlich, nussig, mit einer feinen, buttrigen Textur, die wortwörtlich auf der Zunge zergeht. Die Bewegungsfreiheit der Tiere sorgt für die feine Marmorierung des Schinkens, der nach traditioneller Methode mindestens 36 Monate, oft sogar bis zu 48 Monate reift. Im Can Ibéric wird dieser Schinken mit Hingabe serviert: hauchdünn geschnitten, sodass die feinen Fettäderchen perfekt zur Geltung kommen, und begleitet von rustikalem Brot, Olivenöl oder einem Glas samtigem Tempranillo. Doch das Restaurant bietet mehr als nur Bellota – die Karte zelebriert das Beste vom Iberischen Schwein, von aromatischen Chorizos bis hin zu zarten Pluma- oder Secreto-Stücken, auf den Punkt gegart. Trotz des Luxusprodukts herrscht Laden- beziehungsweise Bistroatmosphäre, und man kann auch einfach hereinspazieren und ein Stückchen probieren – zwischen normalem Schinken und Jamón Ibérico liegen Welten!

Adresse Carrer del Sindicat 22, 07002 Palma, www.can-iberic.com, Tel. +34/616333360 | **ÖPNV** mit verschiedenen Buslinien zu einer der Haltestellen der Area intercanvi Sindicat, von dort 5 Minuten zu Fuß | **Öffnungszeiten** täglich 11.30–23 Uhr, So 11–17 Uhr

PALMA

9_ Ca'n Joan de s'Aigo
Tradition aus Schokolade

Ca'n Joan de s'Aigo ist eine der gastronomischen Instanzen Palmas schlechthin, und es ein Café zu nennen, greift viel zu kurz. Der Ahnvater der mittlerweile drei Establishments hatte sich einst um die Eisproduktion bemüht, Arbeiter angeheuert, um die sogenannten Eishäuser in der Tramuntana zu füllen, Schnee zu Eis zu verdichten und dann nach Palma zu bringen. Dort taten die Eisblöcke in Kühlschränken oder auf den Fischmärkten Dienst. Joan de s'Aigo soll irgendwann Fruchtsaft mit Eisschnee vermischt und so mit Sorbet ein erstes Produkt in den Händen gehabt haben, bevor er das Mandeleis erfand. Es folgte heiße Schokolade und bald schon Ensaïmada, 1700 wurde das allererste Ladengeschäft eröffnet. S'Aigo gilt als einer der ersten Chocolatiers Europas überhaupt, und das Café wurde zur Anlaufstelle der Oberschicht von Palma. So kam es zur Tradition, an Heiligabend nach der Mitternachtsmesse Schokolade und Ensaïmada zu essen und nach der Fronleichnamsmesse ein Eis zu schlecken.

    Es stimmt aber nicht, dass das Café selbst von 1700 wäre. Der älteste Standort des s'Aigo in der Carrer de Can Sanç stammt von 1977, hierhin ist die alte Ausstattung gewandert – inklusive des Bottichs, der noch bis zum Ende des vorletzten Jahrhunderts zum Eismischen verwendet wurde. Mit der Einrichtung, den Fliesen, der alten Standuhr und nicht zuletzt den Schwarz-Weiß-Fotografien hat das s'Aigo trotzdem etwas Museales, die heiße Schokolade und die dortige Ensaïmada aber bestimmen bis heute Palmas Standards. Die gleiche Qualität bekommt man auch in den zwei anderen Läden serviert, nur verzichtet man dann auf das originale Ambiente. Wobei die Zweigstellen auch nicht ohne sind: Die jüngste Location in der Carrer del Sindicat 74 befindet sich im Erdgeschoss eines emblematischen Jugendstilhauses von 1909! Die dritte wiederum residiert etwas bescheidener im Carrer del Baró 5 nahe der Avenida Jaume III.

Adresse Carrer de Can Sanç 10, 07001 Palma, www.canjoandesaigo.com, Tel. +34/971710759 | **ÖPNV** zu Fuß von der Intermodal in 15 Minuten | **Öffnungszeiten** täglich 8–21 Uhr

10 Casa Maruka

Sterneköche undercover

Essen gehen, wo vor allem die Einheimischen essen? Aber nicht schon wieder in den Celler? Ein bisschen moderner, schmissiger soll es sein? Okay, kein Ding: Die Casa Maruka ist ganz, ganz leicht im Off. Auf der falschen Seite der Plaça d'Espanya nämlich. Aber das reicht aus, um raus aus dem Schuss zu sein. Seit 2007 wird hier bewiesen, dass bodenständige Küche keineswegs altbacken sein muss. Hinter dem Konzept stehen María José Calabria und Alberto Serrano, ein Paar, das in Küchen mit ganz großen Namen gearbeitet hat – im baskischen Berasategui und im Santceloni in Madrid. Ihre gemeinsame Leidenschaft für Produktqualität und Handwerkskunst führte sie schließlich nach Mallorca, wo sie mit Casa Maruka eine Art modernisierte Marktküche etablierten: frisch, lokal, direkt.

Das Ambiente ist angenehm unprätentiös: ein entspannt-eleganter Raum, warmes Licht, Holz, ein Bisto- oder Brasserie-Flair. Genau das macht Casa Maruka zu einem der Lieblingsorte vieler Einheimischer – ein Ort, an dem Palmas Seele aufblüht. Dass es hier nicht um Showeffekte, sondern um Geschmack geht, merkt man spätestens beim ersten Bissen. Die Karte setzt auf solide Klassiker, allerdings mit Feinschliff. So kommen die Ochsenschwanz-Ravioli in einer tiefen, aromatischen Sauce daher, das Spanferkel wird außen knusprig, innen butterzart serviert. Dazu kommen saisonale Gerichte wie fangfrischer Fisch oder mallorquinische Schnecken. Für Desserts wie den frisch gebackenen Apfelkuchen könnte man sich versündigen, so gut sind diese – keine Überraschung, wenn man weiß, dass María José einst als Chef-Patissière gearbeitet hat … in Sternerestaurants!

Casa Maruka, das sind also zwei Köche, die den Sternerestaurants entflohen sind, um zur einfachen Küche zurückzufinden. Dass die dann herausragend ausfällt, ist quasi die logische Folge, wenngleich damit Produktqualität, Präzision und Garpunkte gemeint sind.

Adresse Carrer de la Reina Maria Cristina, 7, 07004 Palma, www.restaurantecasamaruka.es, Tel. +34/654613539 | **ÖPNV** wenige hundert Meter von Palmas Intermodal | **Öffnungszeiten** täglich 13–17 Uhr und 20–0 Uhr, Mo 13–16 Uhr, So geschlossen

PALMA

11_ Celler Sa Premsa
Einfach ist besser

Der Celler Sa Premsa ist eine Zeitkapsel mallorquinischer Esskultur. Seit 1958 wird hier gekocht, serviert, getrunken und gelebt – und zwar ohne sich dem Wandel der Zeiten anzubiedern. Wer die hohen, gekalkten Wände mit den großen Weinfässern, die simplen Holztische und die bestickten Tischdecken sieht, merkt sofort: Hier geht es nicht um Trends, sondern um Tradition. Kein unnötiger Schnickschnack, kein gestelltes Landhausflair – einfach ein echter Celler, wie es ihn inselweit in Dutzenden gibt. Wobei der Celler eher ein Genre darstellt, nicht aber im Untergeschoss liegen muss – was der Celler Sa Premsa auch nicht tut. Das Genre verheißt: rustikal, traditionell und zuverlässig.

Die Karte liest sich wie ein Kanon klassisch mallorquinischer Gerichte: Frito Mallorquín, eine herzhafte Mischung aus Innereien, Kartoffeln und Paprika, die intensiver nicht schmecken könnte. Sopes Mallorquines, dieser Kohleintopf, der dick und sämig auf den Tisch kommt und jeden Hunger vertreibt. Dann Arroz Brut, »schmutziger« Reistopf mit großzügiger Fleischeinlage – würzig, gehaltvoll, perfekt für alle, die mallorquinisches Soulfood erleben wollen. Und natürlich Spanferkel, kross gebraten, mit knisternder Schwarte, wie es seit Generationen gemacht wird.

Aber nicht nur Fleischfans kommen auf ihre Kosten. Tumbet, das mallorquinische Ratatouille mit Auberginen, Kartoffeln und Tomaten, ist ein vegetarischer Klassiker, und wer es ganz einfach will, bestellt Pa amb Oli – rustikales Brot mit reifen Tomaten, gutem Olivenöl und einer Auswahl an Käse, Schinken oder Sobrasada. Klingt simpel, schmeckt aber nach Mallorca pur.

Lange galt die mallorquinische Küche als grobschlächtig, aber immer mehr Gäste entdecken die ehrlichen, bodenständigen Aromen der Inselküche und schätzen ihre unverfälschte Authentizität. Der Celler Sa Premsa ist dabei wie der Igel in der Fabel – er ist längst schon da.

Adresse Plaza Bisbe Berenguer de Palou 8, 07003 Palma, www.cellersapremsa.com, Tel. +34/971723529 | **ÖPNV** zu Fuß in 5 Minuten von Palmas zentraler Plaça d'Espanya | **Öffnungszeiten** täglich 12–16 und 19–23 Uhr

12 Destilerías Antonio Nadal
Túnelblick seit 1898

Von Marratxí haben Sie noch nie gehört, wetten? Zu Recht, zu Recht – der Vorstadtbezirk Palmas hat weder eine spektakuläre Altstadt noch eine Küstenlinie vorzuweisen. Und doch ist er in aller Munde, zumindest indirekt. Denn hier, in einem recht unscheinbaren Industriegebiet, wird eine der berühmtesten Spirituosen Mallorcas hergestellt: Palo Túnel.

Hinter der Produktion stehen die Destilerías Antonio Nadal, ein Unternehmen, das seit 1898 hochprozentige Tradition in Flaschen abfüllt. Palo ist eine tiefdunkle, fast schwarze Likörspezialität mit bittersüßem Geschmack, ursprünglich als Heilmittel gegen Malaria angepriesen. Chinarinde, Gewürznelken, Zimt und Zucker sorgen für das charakteristische Aroma, das sich am besten eisgekühlt mit einem Schuss Soda genießen lässt – wie es die Mallorquiner seit Generationen tun. Vor allem nach dem Essen und als Abschluss eines gelungenen Abends.

Ursprünglich ein Produkt von Hausbrennereien, werden mallorquinische Herbes seit dem 19. Jahrhundert professionell hergestellt und vertrieben. Heute produzieren neben Nadal noch sieben verbliebene Brennereien Herbes de Mallorca in den Geschmacksrichtungen süß, trocken und halbtrocken (*Herbes dulces, secas, mascladas*). Mallorquinische Kräuter, Früchte und Blüten stiften Struktur und Geschmack, unter anderem Orange und Zitrone, Fenchel, Kamille und Rosmarin. Das Resultat weist einen Alkoholgehalt von 25 bis 50 Prozent auf und unterscheidet sich je nach Hersteller und Süße stark.

Auch Antonio Nadal stellt nicht nur Palo her. Die Destillerie produziert eine ganze Palette von Spirituosen, darunter den berühmten und omnipräsenten Hierbas Túnel, in der ikonischen grünen Glasflasche. Doch Palo bleibt das Aushängeschild – ein echter Schluck Mallorca im Glas. Den sollten Sie zumindest probieren, auch wenn Sie es wahrscheinlich nicht nach Marratxi schaffen.

Adresse Carrer Conradors 28, 07141 Poligono Industrial de Marratxi, www.antonionadal.com | **ÖPNV** mit den Zuglinien T1–T3 bis zur Station Polígon Marratxí, von dort 15 Minuten zu Fuß | **Öffnungszeiten** Mo–Fr 8–14 Uhr

13_ Don't cry for me
Empanadas to go

Es gibt in dem kleinen Mitnahmegeschäft wirklich nichts anderes als argentinische Empanadas, das aber so erfolgreich, dass Don't cry in Palma mittlerweile an gleich drei Standorten vertreten ist. Und alle drei werden belagert. Obwohl doch mit der mallorquinischen Variante der Panades die unmittelbare Konkurrenz an jeder Ecke verkauft wird. Was also macht die argentinischen so besonders? Zum einen natürlich die Füllung, diese ist so zahlreich und verschieden wie die argentinischen Provinzen. Gut bis pikant gewürztes Rindfleisch wie in Tucuman, Hühnchen wie aus Jujuy, Hackfleisch wie in der Catamarca. Plus Schinken-Käse oder vegetarische Varianten zum Beispiel mit Spinat und Bechamelsauce. Die Auswahl überschreitet das gute Dutzend bei weitem und stellt dadurch die mallorquinischen Bäckereien locker in den Schatten.

Gebacken wird wie in der mallorquinischen Tradition ohne Hefe, jedoch ausschließlich aus Weizenmehl (und ohne Mätzchen wie die Zugabe von Zucker oder Orangensaft), weshalb die argentinische Variante etwas heller aussieht. Natürlich kam die Empanada mit spanischen Auswanderern nach Argentinien, traf dort aber auf die unterschiedlichsten kulinarischen Traditionen und nahm diese auf. Das heißt, sie befreite sich von allen Zwängen und öffnete sich dem Experiment. Bei Don't cry erlaubt man sich den einen oder anderen Twist, die eine oder andere überraschende Zutat dem gemischten Hackfleisch Cheddar-Käse hinzuzufügen, das Ganze gut abzuwürzen und das Resultat »Cheeseburger« zu nennen, hat schon einen genialen Zug. Desgleichen die galicisch inspirierte Thunfisch-Teigtasche, in die hartgekochtes Ei eingearbeitet ist.

Heulen könnte man jedoch deswegen, weil man von zwei bis drei Stück definitiv satt wird. Um sich durchzuprobieren, muss man wiederkommen, und immer wieder ... »Don't cry for me, Argentina, the truth is, I will never leave you!«

Adresse Carrer dels Oms 47, 07003 Palma, www.empanadasdcfm.com | **ÖPNV** wenige Minuten zu Fuß von der Plaça d'Espanya | **Öffnungszeiten** täglich 10–23 Uhr, So 11–23 Uhr

14 — Emilio's Innobar
Kulinarisches Kaleidoskop

Wahrscheinlich entstammen Emilios Stammgäste dem Umstand, dass die Karte eigentlich permanent wechselt und immer für eine Überraschung gut ist. Die Innobar ist seit Jahren einer der angesagtesten Treffpunkte der Stadt. Emilio Castrejón, ein mexikanisches Multitalent, das in den USA, Deutschland und zwölf Jahre lang in Japan das Kochhandwerk verinnerlicht hat, serviert eine Crossover-Küche, die international, japanisch, mediterran und peruanisch zugleich ist – ein kulinarisches Kaleidoskop, das seinesgleichen sucht. Allerdings kein Potpourri, sondern ein Nebeneinander von Gerichten, die sich eigentlich artfremd sind. Eigentlich, aber nicht aus Emilios Perspektive und nicht im Lichte seines Werdegangs.

Emilio, der seit 2002 auf Mallorca lebt und in zahlreichen Restaurants seine Spuren hinterlassen hat, hat 2012 in einer schmalen Gasse nahe dem Zentrum sein erstes eigenes Lokal eröffnet. Von Anfang an ein Volltreffer, dem seitdem gehört Emilio's zu den kulinarischen Trendsettern der Insel. Ob Sashimi Mixto, also dünn filettierte Rohfische in Sushiqualität, koreanisch oder mexikanisch mariniertes Rinderfilet – hier hat jede Speise eine Reise hinter sich und erzählt Geschichten. Die Karte wechselt regelmäßig, bietet aber wiederkehrende Highlights wie Tataki von der Dorade, Ceviche von Garnelen oder sogar Salzburger Nockerln.

Die Atmosphäre ist energiegeladen, wenn auch manchmal ein bisschen laut, denn in dem hohen, ungedämmten Raum trifft man auf eine bunte Mischung aus Foodies, Stammgästen und neugierigen Touristen. Am besten bestellt man gleich mehrere Hauptgerichte »to share« und genießt so die Vielfalt der Aromenwelten gemeinsam.

Mit einer großen Weinauswahl und einem Ambiente, das gleichermaßen modern und international ist, bietet Emilio's Innobar das perfekte Setting für einen entspannten Lunch oder ein angeregtes Dinner.

Adresse Calle Concepció 9, 07012 Palma, www.emilio-innobar.com, Tel. +34/696639179 | **ÖPNV** mit der Buslinie 8 bis zur Station Passeig Mallorca/Instituts, von dort 3 Minuten zu Fuß | **Öffnungszeiten** täglich 13–15 und 19–22 Uhr, So und Mo geschlossen

15 — The Federal
Eggs Downunder

Wer immer noch nicht von Palmas Vielfalt überzeugt ist, der muss ins Federal! Dieses hat nämlich australische Wurzeln – und wer jetzt mit der Nase rümpft und an Marmite denkt, *tranquilo*! Die Australier nämlich haben die Café-Kultur mit Third-Wave-Kaffee, Avocadotoast, Açai-Bowl, Quinoa und Eggs Benedict quasi erfunden. Nicht im Outback, sondern in Melbourne und Sydney, wo Hipstertum und Handwerk Hand in Hand gehen. Internationales Großstadtfrühstück sozusagen, mit aufgeklapptem Laptop, guter Playlist im Hintergrund und quasi den ganzen Tag lang …

Das Ganze im Herzen der Stadt, am Rande der lebhaften Plaça Orell, wo Trubel und Nonchalance sich die Klinke in die Hand geben. Das Ambiente changiert zwischen Barcafé und Nobel-Hostel aufgrund der riesigen Gemeinschaftstische, der Sofas und der Bistrotische – man kann also ins Gespräch kommen oder sich einen Einzelplatz suchen, ganz wie man gerade lustig ist.

Das Frühstücksangebot wird ab 13 Uhr durch Currys oder/und Pastramisandwiches ergänzt, die Küche schließt um 16 Uhr. Die eigentliche Qualität ist wegen der großzügigen Räumlichkeiten die des Aufenthalts. Anders als in vielen Bars der Innenstadt kann man sich im Federal auch auf Stunden niederlassen und sein Ding machen, ohne dass man das Gefühl bekommt, man störe oder müsse dringend nachbestellen. Wenn einem noch Stunden bis zum Flug oder zum Hotel-Check-in bleiben, ist das Federal perfekt zum Überbrücken und sich umhegen lassen.

Das Interieur des Cafés zeichnet sich durch ein minimalistisches Design mit viel natürlichem Licht und Platz aus. Holzmöbel, große Fenster und grüne Pflanzen schaffen eine einladende Umgebung, die wirklich zum Verweilen einlädt, ohne dass Konsumzwang oder irgendwie Druck herrscht. Viele jüngere Gäste nutzen das Federal deshalb auch gezielt als Coworking-Space.

Adresse Plaça Francesc García i Orell 3 Llevant, 07006 Palma, www.federalcafe.es, Tel. +34/628638226 | **ÖPNV** wenige Minuten zu Fuß von Intermodal oder Sindicat | **Öffnungszeiten** Mo–Fr 8.30–20 Uhr, Sa, So 9–20 Uhr

16 Fornet de la Soca
Die Urpizza

Vorneweg: Die bildhübsche Bäckerei Forn des Teatre firmiert seit der Übernahme durch Tomeo Arbona offiziell als Fornet de la Soca – ist aber weiterhin unter dem alten Namen bekannt, weil Arbona das Schild nie geändert hat. Wie könnte er auch? Zum einen ist er als traditionsbewusst bekannt, zum andern fällt die Jugendstil-Auskleidung des Ladengeschäfts samt Beschriftung so malerisch aus, dass das Teatre dafür berühmt wurde und in Reiseführern steht. Wobei zahllose Bäckereien Palmas auffallend hübsch ausgestaltet und dekoriert sind.

Inzwischen steigert die schiere Auswahl und die Qualität des Angebots die Bekanntheit, sodass sich regelmäßig Schlangen vor dem Geschäft bilden. Das liegt auch an den mallorquinischen Imbissen, die Arbona feilbietet: Panades in verschiedenen Varianten und klassisch belegte Cocas – Blechkuchen und nicht zu verwechseln mit dem runden Süßgebäck Coca de patates … Coca bedeutet schlicht und einfach Kuchen.

Wahrscheinlich waren es die Römer, die das Rezept für die Coca nach Mallorca brachten. Und es spricht ebenfalls vieles dafür, dass die Insulaner, stur wie sie sind, bis zum heutigen Tag an dem ursprünglichen Rezept festgehalten haben. Und wenn dem so ist, dann haben wir es bei der Coca mit der Urform der Pizza zu tun. Die Variablen sind zahlreich: die Anzahl der Eier und ob man überhaupt welche verwendet, das Verhältnis von Schmalz zu Olivenöl, die Zugabe von lauwarmem Wasser und/oder Orangensaft. Nicht minder variantenreich fallen die möglichen Beläge aus: Von Mangold, Spinat und Paprika über Sardinen bis hin zum *Trampó*, dem klassischen Sommersalat, darf alles drauf. Alles außer Tomatensauce und Käse, darin unterscheidet sich die Coca von der Pizza. Im Teatre beziehungsweise dem Fornet de la Soca gibt es mindestens zwei zur Auswahl und es wird stückweise verkauft. Sollte man sich keinesfalls entgehen lassen und nötigenfalls dafür anstehen.

Adresse Plaça de Weyler 9, 07001 Palma, www.fornetdelasoca.com | **ÖPNV** mit den Buslinien 3,4 und 7 bis zur Plaça del Mercat, schräg gegenüber vom Ladengeschäft | **Öffnungszeiten** täglich 9–20 Uhr, So und Mo geschlossen

17_Forn del St. Cristo
Café im Jugendstil

Seit 1910 backt man im Forn del St. Cristo herausragende Ensaïmadas, aber das soll hier gar nicht Thema sein. Vielmehr ist die traditionsreiche Bäckerei in einem bildschönen Jugendstilgebäude untergebracht und betreibt ebenerdig ein Café! Im Sommer stehen die Flügeltüren offen und Tische auch draußen. Der perfekte Ort, um einer mallorquinischen Frühstückstradition zu frönen.

Wenn man sich gegen zehn oder elf Uhr im Café umsieht, stellt man fest, dass viele statt Kaffee ein anderes Warmgetränk zu ihrem Croissant oder der Ensaïmada wählen: die *xocolata calenta*, eine heiße Schokolade! Sogar im Sommer! Sie ist so dickflüssig, dass sie fast wie ein Pudding wirkt und zudem ziemlich süß.

Es gibt verschiedene Erklärungen für deren Beliebtheit. Eine besagt, dass der österreichische Erzherzog Ludwig Salvator, der im 19. Jahrhundert das Leben auf Mallorca dem Hofleben vorzog, die heiße Schokolade vermisste und sie importieren ließ. Eine andere Theorie reicht bis zu Christoph Kolumbus zurück. Er soll der spanischen Königin Isabella nach seiner Rückkehr aus Amerika das Getränk »txocolatl« angeboten haben. Da dessen Bitterkeit jedoch nicht nach Majestäts Geschmack war, entstand ein Rezept, das 28 Gramm Schokolade mit 57 Gramm Zucker in einem Viertelliter Wasser kombiniert – ein voller Erfolg! Warum aber gerade die Insulaner derart darauf angesprungen sind, bleibt ein Rätsel.

Heiße Schokolade wirkt gewöhnungsbedürftig im Sommer? Bestellen Sie einfach ein Glas Wasser dazu, wie es die Einheimischen tun! Außerdem: So ein Cappuccino hat doch genau die gleiche Temperatur! Als Begleitung bieten sich im St. Cristo Mandelkekse an, auch die würde man in Deutschland wohl Plätzchen nennen und im Dezember verorten. Auf Mallorca aber aufgrund der Fülle an Mandelbäumen das ganze Jahr über zu haben – und im Forn del Cristo in einem Dutzend Variationen. Handgemacht und vor Ort gefertigt.

Adresse Plaça del Marquis del Palmer 1, 07001 Palma, www.hornostantocristo | **ÖPNV** zu Fuß von der Intermodal in 15 Minuten | **Öffnungszeiten** täglich 8.30–21 Uhr

18 Forn Fondo
Tiefe Tradition

Beherzigen wir doch einfach folgende Versuchsanordnung: Sobald Sie in Palma auf eine Menschenschlange auf der Straße treffen, stellen Sie sich einfach mit an. Also natürlich nicht an der Bushaltestelle oder der Kathedrale, sondern vor Ladengeschäften. Und dann nehmen sie einfach das, was der Typ oder die Dame vor Ihnen bestellt hat. Früher oder später landen Sie dann gewiss vor dem bildschönen Forn Fondo.

Der heutige Standort wurde 1911 bezogen, doch die Geschichte der Traditionsbäckerei reicht bis ins Jahr 1742 zurück, als sie in der Carrer de les Caputxines eröffnet wurde. Damals musste man einige Stufen hinabsteigen, um zum Ofen im hinteren Teil des Ladens zu gelangen – daher der Name Forn Fondo, »tiefer Ofen«. 1911 erhielt das Geschäft sein elegantes Belle-Époque-Antlitz mit der prächtigen modernistischen Fassade, die es bis heute ziert. Doch nicht nur das Äußere beeindruckt – im Inneren wartet eine Backtradition, die seit Jahrhunderten in den Händen der Familie Llull liegt. Heute führen Pau Llull Riera und seine Schwester Neus Llull Riera das Geschäft in vierter Generation. Ihre Urgroßeltern legten den Grundstein für die Bäckerei, doch es war deren Sohn, der gemeinsam mit seiner Frau das Angebot erweiterte. Dank der Einführung von Elektrizität, Kühlschränken und einer eigenen Konditorei wurde der Forn Fondo zu einer der führenden Adressen für mallorquinisches Gebäck wie Cocarrois, Robioles und die kleinen Mandelkugeln namens Empiñonades. Und noch heute gilt die Bäckerei als allererste Adresse für diese Spezialitäten – daher die Schlange vor dem Eingang. Tradition ist auf Mallorca ein Wert an sich, ganz genauso wie handwerkliche Perfektion und der daraus resultierende originale Geschmack. Der Besuch im Forn Fondo gleicht also einer kleinen Zeitreise, denn man darf sicher sein, dass hier die alten Rezepte und Verfahrensweisen beherzigt werden.

Adresse Carrer Unió 15, 07001 Palma, www.fornfondo.es | **ÖPNV** 13 Minuten zu Fuß von der Intermodal | **Öffnungszeiten** täglich 8–20.30 Uhr

19 — Kaizen Sushi Bar
Anspruchsvoll japanisch

Im Herzen der Altstadt von Palma verbirgt sich ein kulinarisches Juwel: das Kaizen Sushi Bar & Shabu Shabu. Der feststehende Begriff »Kaizen« stammt aus dem Japanischen und bedeutet so etwas wie »stetige Veränderung zum Besseren« – ein Prinzip, nach dem hier täglich gelebt und gekocht wird. Oder besser gesagt geschnitten und angerichtet. Denn viele Produkte der japanischen Küche leben von ihrer Qualität und Frische allein – und davon, dass der Koch so wenig wie möglich mit ihnen macht.

Gerade Palma bietet mit seinen Frischemärkten und der herausragenden Fischqualität die perfekte Basis für ambitionierte Küchenprojekte auch japanischer Provenienz. Kein Wunder also, dass sich hier zwei Köche mit Michelin-Erfahrung gefunden haben, um das Kaizen zu eröffnen. Ismael Rojo und Raúl García sind feuererprobt und bringen traditionelle japanische Techniken mit modernen Akzenten zusammen.

Das Restaurant selbst ist ebenso stilvoll wie einladend. Am Tresen mit bequemen Barhockern können Gäste den Köchen bei der Präzisionsarbeit zusehen, während sich in den beiden Etagen gemütliche Sitzbereiche finden. Die Speisekarte konzentriert sich auf Sushi und Shabu Shabu, ein japanisches Fondue, bei dem hauchdünnes Fleisch und Gemüse in einer heißen Brühe gegart werden. Besonders empfehlenswert ist das Omakase-Menü, bei dem die Gäste dem Küchenchef die Auswahl überlassen – ideal für alle, die sich in der japanischen Küche nicht auskennen oder nie über Sushi hinausgekommen sind.

Mit dieser Mischung aus Handwerkskunst, Top-Produkten und entspannt-elegantem Ambiente hat sich das Kaizen als fester Bestandteil der gastronomischen Szene Palmas etabliert. Wer sich für authentische japanische Küche begeistern kann, kommt um das Kaizen nicht mehr herum.

Adresse Carrer de l'Argenteria 7, 07001 Palma, www.kaizenrestaurante.com, Tel. +34/971855116 | **ÖPNV** mit der Buslinie 4 bis zur Station Del Mercat, von dort 4 Minuten zu Fuß | **Öffnungszeiten** Mo–Mi 19–22.30, Do–Sa zusätzlich 13.30–15 Uhr, So geschlossen, Slots über die Website reservieren!

20 L'Informal Tacos
Mehr als nur Imbiss

Informell ist die Taco-Bar im Herzen Palmas insofern, als dass helles Holz, Klappstühle und Gemeinschaftstische dominieren. Man macht also nicht auf Restaurant, will aber dennoch mehr sein als ein schnöder Imbiss. Ungezwungen ist auch der Umgang mit den Tacos selbst, zwar ist man der mexikanischen Tradition verpflichtet, zeigt sich aber offen für asiatisch oder mediterran inspirierte Varianten. Schließlich ist per Definition alles ein Taco, das aus einer kleinen, meist runden Tortilla besteht, die mit dem gefüllt wird, was passt und was da ist.

Tacos stammen aus Mexiko und haben eine lange Geschichte, die bis in die Azteken- und Maya-Zeit zurückreicht. Die Ursprünge des Tacos liegen in der Verwendung von Tortillas als tragbare Essensbasis, die mit verschiedenen Zutaten belegt oder gefüllt werden konnten – gewissermaßen als Geschirr- und Besteckersatz. Die moderne Form der Tacos entwickelte sich im 19. Jahrhundert. Besonders in Regionen wie Mexiko-Stadt wurden sie als schneller Imbiss populär und begannen, sich weltweit auszubreiten. Bis nach Mallorca!

Das Taco-Angebot des L'Informal ist durchaus elaboriert, »Korea Town« kommt mit Gambas und Kimchi, »Al Pastor« ist mit marinierten Duroc-Schwein gefüllt, »Baja Kalifornia« mit in Tempura ausgebackenem Wolfsbarsch. Dazu kommen wechselnde Tages-Tacos, Quesadillas, Toasts sowie ausgefuchste vegetarische Optionen wie der Taco mit geröstetem Blumenkohl, Feta-Käse, Mandelsauce, Kürbiskernen und Chili-Öl. Mengen und Kombinationen sind auf Restaurantniveau, obwohl die Preise jeweils unter zehn Euro bleiben. Sprich eine günstige und schnelle Mittagsmahlzeit, abends sollte man im Zweifel reservieren. Der Laden ist beliebt, die Einzeltische meist gut besetzt. An Kinder ist übrigens auch gedacht, allerdings nur mit einem einzigen Gericht: knusprige Hähnchenstreifen, serviert mit Tortilla-Chips und Zitronensauce.

Adresse Plaça Nova de la Ferreria 5, 07002 Palma, www.linformaltacos.com | **ÖPNV** mit diversen Buslinien zu einer der Haltestellen der Àrea d'intercanvi Sindicat, von dort wenige Minuten zu Fuß | **Öffnungszeiten** Mo–Sa 13–15.30 und 19–22.30 Uhr, So geschlossen

21 — La Luna
Gleich eine geschmiert!

Sobrasada bekommt man fast überall, aber selten – so wie beim Produzenten La Luna – gleich aufs Brot. Dessen kleiner Filialladen im Herzen Palmas verkauft neben Sobrasada auch Pasteten vom mallorquinischen Schwein und weitere handwerkliche Produkte, nicht nur aus eigener Produktion. Einige davon kann man gleich vor Ort probieren und für geringes Geld in den Genuss eines Sobrasada-Bocadillo kommen.

Als Streichwurst müsste man die Sobrasada im Deutschen eigentlich bezeichnen. Aber das wird der mallorquinischen Bauernwurst nicht gerecht. Zwar ist sie durchaus streichfähig, aber das liegt an der Reifung – einem mikrobiologischen Prozess, der das Schweinefleisch und die Gewürze durch den Faktor Zeit zart werden lässt. Ihre deutschen Pendants Teewurst und Mettwurst sind ebenfalls Rohwürste, jedoch werden sie kaltgeräuchert und reifen nur wenige Tage. Die Sobrasada hingegen hängt etwa vier Monate im Trockenschuppen! Die Erklärung dafür, warum auf dem spanischen Festland Schinken hergestellt wird, man auf Mallorca jedoch seit Jahrhunderten selbst die mageren Teile des Schweins zu Wurst verarbeitet, liegt im Klima. Die feuchtkühlen Winter spielen dabei eine entscheidende Rolle. Während Schinken Trockenheit benötigt, verträgt die Sobrasada eine relative Luftfeuchtigkeit von bis zu 85 Prozent. Geschützt durch den Darm reift sie bei 14 bis 16 Grad zuverlässig und ohne Schimmelbildung. Für die Farbe des Brät sorgt die Zugabe von Paprikapulver.

Sobrasada ist daher ein mallorquinisches Grundnahrungsmittel und war bis weit in die 1960er Jahre für viele die einzige fleischliche Proteinquelle. Dies ist auch der Grund, warum die Wurst so lange auf allen Speisekarten gefehlt hat. Sobrasada ist eine Zutat. Sie ist die heimliche Königin der mallorquinischen Küche, aber kein Star. Und wenn ihr ein Soloauftritt vergönnt ist, dann als denkbar simpler Brotaufstrich.

Adresse Calle dels Oms 3, 07003 Palma (Stammsitz Avinguda d'Astúries 4, 07100 Sóller) | **ÖPNV** zu Fuß keine 2 Minuten von Palmas zentraler Plaça d'Espanya | **Öffnungszeiten** täglich 10–14 und 17–20 Uhr

PALMA

22 Marc Fosh
Fine-Dining-Vorreiter

Marc Fosh gilt als der Vorreiter der Spitzengastronomie auf Mallorca, einerseits, weil der gebürtige Brite 2015 einen Michelin-Stern ergatterte, andererseits, weil er zeitgemäße Küchentechniken auf Mallorcas Produktvielfalt anwendet. Das bedeutet, dass sein gleichnamiges Restaurant im Herzen von Palmas Altstadt durchaus unter »mediterran« läuft, zugleich aber der Cuína mallorquí alle Rustikalität ausgetrieben hat, optisch und geschmacklich.

Mallorcas Küche galt lange Zeit – insbesondere wegen des großzügigen Einsatzes von Olivenöl und Frittiertechniken – als schwer und grob gestrickt. Dieses Bild hat sich gewandelt, und das liegt auch an Persönlichkeiten wie Marc Fosh. Er residiert im alterwürdigen Convent de la Missió, einem Kloster aus dem 17. Jahrhundert, dessen Trutzmauern samt elegantem Interieur in der Tat Schwellenängste auslösen können, zumal so ein Sternemenü ins Geld geht. Es gibt aber ein Schlupfloch: das wöchentlich wechselnde Mittagessen, dessen sechs Gänge mit knapp 60 Euro zu Buche schlagen. Mit Verlaub, aber das ist erstaunlich günstig und man gewinnt in entspanntem Rahmen einen Einblick in Foshs Stilistik. (Das abendliche Degustationsmenü »Aromas« mit über zehn Gängen liegt bei 140 Euro und ist ein bisschen anstrengender.)

Diese besteht im Wesentlichen daraus, die Aromatik möglichst regionaler Zutaten präzise herauszuarbeiten und zu kombinieren. Moderne mediterrane Küche nennt sich das Ergebnis und kommt fein, vielschichtig und klar daher. Will heißen, trotz »Fine Dining«, kleinen Portionen und akribischer Präsentation kommt der Spaß nicht zu kurz. Fosh will nicht blenden, seine Teller leuchten unmittelbar ein und es braucht keine kulinarische Vorbildung, um einen Zugang dazu zu finden. Die braucht es hingegen für die Weinauswahl, aber da hilft der Sommelier. Dem einfach das Budget nennen und ihn machen lassen, nach oben sind kaum Grenzen gesetzt.

Adresse Carrer de la Missió 7A, 07003 Palma, www.marcfosh.com/de | **ÖPNV** 10 Minuten zu Fuß von Palmas zentraler Plaça d'Espanya | **Öffnungszeiten** Di–Sa 13–15 und 19.30–21.30 Uhr, Jan.–März Winterpause, Reservierungen online

23 — Mercat de l'Olivar
Markthalle der Genüsse

Wer in Palma unterwegs ist und sich für gutes Essen begeistert, kommt am Mercat de l'Olivar nicht vorbei. Seit 1951 ist die überdachte Markthalle das kulinarische Herz der Stadt. Hier mischen sich Einheimische mit Köchen, Feinschmecker mit Touristen, die sich in den Duft von reifem Obst, würzigem Käse und fangfrischem Fisch verlieben.

Der Markt ist in verschiedene Bereiche aufgeteilt: In der Fischhalle reihen sich Austern, Langusten und Doraden in Eisbetten aneinander – was hier verkauft wird, ist oft nur wenige Stunden zuvor aus dem Mittelmeer geholt worden. Nebenan glänzen Iberischer Schinken und würzige Sobrasada in den Auslagen, während an den Gemüseständen Tomaten, Orangen und Oliven aus der Region die Theken füllen. Wer es süß mag, kommt bei Mandelgebäck und Ensaimadas auf seine Kosten. Die Händler kennen ihre Produkte, geben bereitwillig Tipps zur Zubereitung und lassen gern probieren.

Doch der Mercat de l'Olivar ist nicht nur ein Einkaufsparadies – er ist auch ein Ort zum Verweilen. Zahllose kleine Bars und Tapasstände laden dazu ein, die frischen Produkte direkt vor Ort zu genießen. Ob Austern mit Cava, ein Stück Tortilla oder eine Portion *pulpo a la gallega* – hier isst man inmitten des bunten Treibens direkt am Tresen. Und zwar nicht nur spanisches Sushi, peruanische Ceviche oder marokkanische Tajine – die Markthalle vereint kulinarische Einflüsse aus aller Welt. Andere Großstädte mussten Foodstalls erst behausen und hypen, in Palma wächst all das seit Jahrzehnten organisch und wird immer noch unter dem Begriff der Markthalle gefasst.

Ein Besuch ist nicht nur ein Muss, er lohnt sich zu jeder Tageszeit. Zum Essengehen ist es am besten am späteren Vormittag, wenn die Stände noch prall gefüllt sind und die Atmosphäre am lebendigsten ist. Dann ist Brunchzeit und ein erstes Glas Wein für die Mallorquiner kein Ding – *porque no?*

Adresse Plaça de l'Olivar, 07002 Palma, www.mercatolivar.com | **ÖPNV** zu Fuß von Palmas Intermodal in nur 5 Minuten | **Öffnungszeiten** Mo–Sa 7–15 Uhr

PALMA

24 __ La Montaña
All in one

Souvenir- und Delikatessenläden sind auf Mallorca grundsätzlich das Gleiche oder haben zumindest riesige Schnittmengen. Ein besonders malerisches Beispiel dafür ist der winzige Laden von La Montaña in der Carrer de Jaume II hinter der Plaça Major. Wer sich durch die engen Gassen dorthin vorwagt, entdeckt ein kleines kulinarisches Wunderland, übervoll, urig und randgefüllt mit einer reichen Auswahl an Spezialitäten der Insel.

Knoblauchzöpfe und getrocknete Pimientos baumeln über der Tür, an den Wänden stapeln sich Hartwürste im Dutzend, dazwischen reihen sich feinstes Flor de Sal, Honig, Weine und Olivenöle. Sogar eine kleine Käsetheke wurde noch irgendwie ins Geschäft gequetscht. Die Überfülle dieses Ladens fühlt sich an, als sei die gesamte Kulinarik der Insel auf wenigen Quadratmetern konzentriert worden.

Eröffnet 1941, also lange bevor Mallorca zum Touristenparadies wurde, gehörte La Montaña zu jenen kleinen Läden, die das Alltagsleben der Einheimischen bestimmten. In einer Zeit, in der moderne Kühlschränke auf der Insel noch nicht verbreitet waren, wurden Lebensmittel in Eisschränken aufbewahrt, und über die verfügten nur die wohlhabenden Haushalte. Die Mehrheit der Mallorquiner versorgte sich in solchen kleinen Feinkostgeschäften, wo man haltbare und sorgfältig ausgewählte Waren bekam.

Bis heute hat sich dieses Prinzip gehalten, La Montaña ist kein reiner Touristenladen, auch wenn die Kaufkraft der Urlauber natürlich dabei hilft, das Geschäft am Leben zu erhalten. Hier kaufen die Einheimischen selbst ein, denn sie wissen die große Auswahl zu schätzen, die man so weder direkt beim Erzeuger noch auf einem der Märkte findet. Preislich muss man sich dabei nicht umstellen, vieles kostet nicht mehr als auf dem Markt, nur dass man hier mit Bedacht stöbern und sich überraschen lassen kann und nicht unter Zeitdruck steht.

Adresse Carrer de Jaume II 27, 07001 Palma, www.mallorcadelicatessen.com | **ÖPNV** mit den Buslinien 3, 4, 7 und 20 zum Plaça del Mercat, von dort zu Fuß in 5 Minuten | **Öffnungszeiten** täglich 9.30 – 20.30 Uhr

25 __ Omnia

Peruanische Perfektion ohne Protz

Es gibt zahlreiche peruanische Restaurants in Palma, darunter das ebenso elegante wie hochgelobte Sumaq in Santa Catalina. Ganz gewiss eine erste Adresse, die aber dermaßen kostspielig ist, dass man sich besser auf die Suche nach der zweiten oder dritten macht. Und eine solche im unprätentiösen Omnia schnell findet, wenngleich der Weg hinaus in Palmas Vorstadt Cas Capiscol eine Zeit in Anspruch nimmt. Das Lokal ist noch relativ neu und sieht samt himmelblauem Dekor eher nach griechischer Taverne aus denn nach ambitioniertem Restaurant. Unkompliziert und freundlich geht es auch im Service zu. Sprich von der Grandezza der Präsentation, der Feinheit der Aromenkombinationen und deren Tiefe ahnt man nichts, bis die Teller auf dem Tisch sind.

Ceviche gilt als Perus Nationalgericht, wenngleich dies vielmehr eine Zubereitungsart ist. Roher Fisch wird in Limettensaft mariniert, wodurch sich (wie unter Hitze) die Eiweißstrukturen verändern und der Fisch eine zarte, noch bissfeste Konsistenz bekommt. Dazu gesellen sich rote Zwiebeln, Koriander und Süßkartoffeln, und auch gerösteter Mais für den Crunch. Im Omnia gelingt dieses Traditionsgericht meisterhaft. Die Säure ist präzise ausbalanciert, die Aromen kraftvoll und der Fisch von bestechender Frische. Besonders schön sind die abwechslungsreich und farbenfroh angerichteten Teller. Der Oktopus kommt als Hauptspeise mit derart vielen Sößchen und Mitspielern, dass jeder Biss ein wenig anders schmeckt und das peruanische Erlebnis weiter komplettiert. Das Ganze gerät so facettenreich und aromatisch fordernd, dass überhaupt einen Nachtisch noch unterzubringen nicht ganz einfach ist. Lieber noch ein Glas vom exzellenten Hauswein.

Wer sich also nach authentischer Küche sehnt, die nicht nur den Gaumen, sondern auch ästhetisch überrascht, ist im Omnia goldrichtig. Denn hier gibt's Hochgenuss ohne Luxusetikett.

Adresse Carretera de Valldemossa 35, 07010 Palma, Tel. +34/871056197 | **ÖPNV** ab Plaça d'Espanya mit der Buslinie 12 bis zur Haltestelle Ocimax, von dort 150 Meter | **Öffnungszeiten** täglich 12–16.30 und 19.30–22.30 Uhr, Mo geschlossen

26　Ostras Daniel Sorlut
Schampus am Vormittag

Ostras Daniel Sorlut gilt schon deswegen als beste Austernbar, weil hier und nur hier die gleichnamige Auster aufgetischt wird. Sie ist auch kein profaner Stand im Mercat del Olivar, sie ist eine Bühne. Und die frisch geöffneten Austern sind mehr als nur Meeresfrüchte, sie sind Requisiten in einem gut geölten Theaterstück namens »Wir gönnen uns was«. Während anderswo in der Markthalle noch Fischkisten gerückt und Preise mit Stift auf braunes Papier gekritzelt werden, sitzt hier schon früh am Vormittag die erste Delegation am Tisch, bereit für den großen Moment. Austern, Champagner, entschlossener Blick. Man nippt, man schlürft, man nickt sich wissend zu.

Da sind die Kurzurlauber, die beiläufig fallen lassen, dass Mallorca ja praktisch vor der Haustür liegt. Drei-Tage-Trip? Selbstverständlich. Man kennt die Insel ja schließlich besser als so mancher Einheimische. Dann die Zweitwohnsitz-Inhaber, die ihre persönliche Tradition pflegen. Nach der frühmorgendlichen Landung erstmal ein Dutzend Austern downen, dann weiter zum Domizil in Paguera. Und dann gibt es jene, die ihr Sprachkurswissen ausprobieren. Ein vorsichtig hingehauchtes »muy bien« hier, ein geübtes Kopfnicken dort »Si, claro!«.

Aber nicht alle sind begeistert. Eine Stimme murmelt etwas über das »Volumen« der Muscheln, diese seien zudem »zu wässrig« – ein bisschen so wie Obelix, der ja auch meint, je größer, umso besser.

Das Publikum ist eine einzige soziologische Studie. Wer Austern liebt, genießt sie mit Hingabe. Wer sie hasst, isst sie trotzdem, um mitreden zu können. Und wer irgendwo dazwischen liegt, spült sie einfach mit Champagner hinunter. Dabei sind Sorlut-Austern in der Tat eine gesuchte Besonderheit. Begonnen hat alles 1930, als Georges Sorlut von Hand Becken aushob, in denen Austern reiften. Die nächste Generation züchtete die legendäre »Spéciale Daniel Sorlut«, eine Sorte, die Maßstäbe setzte.

Adresse Plaça de l'Olivar, 07002 Palma, www.ostrasorlut.com | **ÖPNV** zu Fuß von Palmas Intermodal in nur 5 Minuten | **Öffnungszeiten** Mo–Sa circa 7–circa 15 Uhr

27 Panadería S'Estació
Bäckerei mit Durchblick

Transparenz ist alles, das würde jeder Traditionsbäcker Mallorcas unterschreiben und auf die Reinheit seiner Zutaten verweisen, die hauseigene Masa Madre (Sauerteigstarter) und die daraus quasi automatisch entstehende Qualität. Die Panadería S'Estació aber geht noch einen Schritt weiter: Der Boden des todschicken Ladengeschäfts ist gläsern und lässt einen in die Produktion blicken. Denn gebacken wird im Untergeschoss, die Arbeitsflächen befinden sich genau unter der Verkaufstheke. Das Ladengeschäft ist vollständig modernisiert, wurde halb im Industriestil ausgestattet und halb mit dunklen Holzelementen, die das ausgeleuchtete Brot und die zahllosen Teilchen noch appetitlicher erscheinen lassen. Teils sind aber uralte Elemente wie eine metallene Kasse integriert – das hat seinen Grund: Das Gebäude nennt sich trotz der hohen Fensterfronten »Antiga Casa Pujadas« und beherbergte einst eine legendäre Bäckerei, die von 1870 an für feine Backwaren bekannt war. Bei der Renovierung wurden ursprüngliche Strukturen bewahrt, während das Gesamtkonzept umfassend modernisiert wurde. Hier entstehen nach überlieferten Methoden Brote, Ensaïmadas und Gebäck – alles in Handarbeit und mit besten Zutaten. Besonders beliebt ist das Pa de Xeixa, ein Brot aus autochthonem mallorquinischem Weizen, das für seinen aromatischen Geschmack geschätzt wird und als besonders verträglich gilt. Blat xeixa wurde vermutlich schon von den Römern kultiviert.

Auf einer eingezogenen Zwischenebene hat man die Möglichkeit zu verweilen, einen Kaffee und/oder eine handtellergroße Aprikosen-Ensaïmada zu genießen. Auch aufgrund der Lage ist das Estació ideal für eine Pause oder um sich im Anschluss an einen Stadtbummel mit frischem Brot einzudecken. Namensgebend sind die Bushaltestellen am Ende der Carrer del Sindicat, ein betriebsamer Hub zwischen Mercat d'Olivar, Altstadt und den Magistralen.

Adresse Carrer del Sindicat 66, Centre, 07001 Palma | **ÖPNV** mit verschiedenen Buslinien zu einer der Haltestellen der Area intercanvi Sindicat | **Öffnungszeiten** täglich 7–21 Uhr

28 Panenostro
Römerbrot?

Klar, aufgeräumt, ja geradezu nüchtern sieht es im Panenostro aus. Und nicht nur im Verkaufsraum, denn direkt hinter halbhohen Scheiben wird gebacken. Deutlicher kann man nicht kommunizieren, dass es einem um Reinheit und Transparenz geht. Reinheit der Zutaten natürlich. Im Panenostro ist man um das Revival der mallorquinischen Weizensorten bemüht und backt unter anderem ein Brot aus allen vieren. Jawohl, vier!

Mallorca hat eine eigene Ziegenart, eigene Mandelsorten und endemische Orchideen sowie einzigartige, einheimische Weizensorten. Am bekanntesten ist der Blat xeixa, der Zwergweizen. Dieser Weizen ist kleinwüchsiger und weit weniger ertragreich als herkömmlicher Weizen, punktet jedoch durch sein intensives Aroma und seine hervorragende Bekömmlichkeit. Ein weiterer Vorteil: Der Xeixa benötigt weder Herbizide noch Dünger, was die daraus hergestellten Brote zu authentischen Bio-Produkten macht. Die Sorte soll sogar noch auf die Römerzeit zurückgehen. Darüber hinaus gibt es auf Mallorca noch drei weitere autochthone Weizensorten – Blat mort, Blat mollar und Blat barba – die alle wieder verstärkt angebaut werden, Bäckereien wie Panenostro sei Dank.

Weißmehlprodukte seien tendenziell ungesund, heißt es im Norden. Aber hat jemand mal gefragt, welche Weizensorten da im Spiel sind? Nun, die in Deutschland verbreitetsten heißen Exsal, LG Optimist und Informer. Hybridsorten, auf schnelles Wachstum gezüchtet. Noch Fragen?

Brot ist neben Olivenöl eine der wichtigsten Säulen mediterraner Essenskultur, das kauft man nicht im Discounter und auch nicht im Aufback-Shop. Über Jahrhunderte wurde Saatgut auf Mallorca nicht gekauft, sondern von den Bauern selbst selektiert. So konnte der Blat xeixa überleben, auch wenn er bis zu seiner Wiederentdeckung in den 80er Jahren hauptsächlich an Schweine verfüttert wurde.

Adresse Plaça Nova de la Ferreria 6, 07002 Palma, www.panecologicopanenostromallorca.com | **ÖPNV** mit diversen Buslinien zu einer der Haltestellen der Àrea d'intercanvi Sindicat, von dort wenige Minuten zu Fuß | **Öffnungszeiten** täglich 8–14 und 17–20, Sa und So geschlossen

29 — Pastelería Ca Na Cati
Überraschungspakete

Um von vornherein zurückzurudern: Panades (Empanadas) gibt es in vielen Bäckereien und die Teigtaschen sind fast immer gut. Man muss also nicht unbedingt dorthin, wo der Autor einst in sein erstes Panada gebissen hat und auf die klassische Füllung mit Lammfleisch und Erbsen stieß. Obwohl die Pastelería Ca Na Cati in Palma natürlich eine Instanz ist und das nicht nur in Sachen Panades. Seit fast einem halben Jahrhundert wird hier traditionell und mit besten Zutaten gebacken.

Panades sind gefülltes Mürbegepäck (sprich keine Hefe im Spiel) und Tradition in der Karwoche. Sie lassen sich gut vorbereiten und sind daher geeignet, Gäste und Familie während der Prozessionen der Semana Santa satt zu halten; ein oder zwei Panades entsprechen wirklich einem kompletten Essen. Höchstwahrscheinlich handelte es sich ursprünglich um ein Fastenessen, dessen Teigummantelung den fleischhaltigen Inhalt erfolgreich vor Gott verbarg. Heute sind Panades ein beliebter Snack, der das ganze Jahr über zu finden ist. Wobei die Füllungen stark variieren und von vegetarisch mit Spinat bis hin zu Sobrasada reichen. Verwirrung gibt es oft wegen der zwei Grundsorten »dulce« und »lisa«. Diese Bezeichnungen beziehen sich nicht auf die Füllung, sondern auf den Teig. »Dulce« ist leicht süßlich aufgrund der Zugabe von Zucker und Orangensaft und wurde früher von der Oberschicht Palmas bevorzugt, während »lisa« einfach bedeutet und leicht salzig meint, was einst die Wahl des einfachen Volkes war. Die süße Variante erkennt man an ihrer dunkleren Färbung.

Was man bei den hausgemachten Panades nicht erkennt, ist der Inhalt. Man sagt deshalb, es gebe drei Typen von Gästen: die Abenteurer, die Nervensägen und die Wissenschaftler. Letztere suchen langwierig nach Hinweisen auf die Füllung. Die Nervensägen fragen wiederholt »Was ist da drin? … und dort?«, während die Abenteurer einfach hineinbeißen.

Adresse Plaça de Cort 2, 07001 Palma, www.canacati.com | **ÖPNV** mit der Buslinie 3 bis zur Haltestelle Joan Carles I, von dort 5 Minuten zu Fuß | **Öffnungszeiten** täglich 7.30–20 Uhr, So ab 8.30 Uhr

30_ Es Príncep
Trüffel mit Trüffeln

Unten im Hotel Es Príncep residiert das Zaranda, das michelinbesternte Restaurant von Fernando Arellano. Es ist bereits der dritte Standort des Gourmetkochs, an dem ausschließlich Degustationsmenüs serviert werden – für lediglich 24 Plätze. Nicht so leicht zugänglich also, genauso wie das Fünf-Sterne-Luxushotel Es Príncep selbst, sollte man meinen. Hier aber irrt man. Den das Hotel hat zudem eine ganz famose Dachterrasse, die man über die Aufzüge erreicht und die öffentlich zugänglich ist – wenn man es schafft, die kritischen Blicke der Rezeption von sich zu überzeugen und nicht etwa in Strandsachen aufläuft. Formal muss nicht, ist ja Mallorca, aber Citylook sollte schon sein.

Die eine Seite der Dachterrasse mit Pool und Liegestühlen ist den Hotelgästen vorbehalten, auf der anderen die Rooftop-Bar Almaq – tagsüber meist ruhig und wenig besucht, abends aber ein Hotspot. Der Begriff Bar trifft es jedoch nicht ganz, denn serviert wird neben Kaffee und Cocktails eine respektable Auswahl an Gerichten, die man sich so auch von besseren Restaurants wünschen würde. Eine Zeitlang war ein »mallorquinischer Burger« auf der Karte, das Patty bestand aus Sobrasada. Sonst Rinderlende, Oktopus, Seebarsch und Hühnercanneloni mit getrüffelter Béchamelsauce *und* frischen Trüffeln. Für die Angeber halt, für die Veganer ist das mit Avocadocreme gepimpte Rote-Beete-Tartar, dessen Zutaten zuvor in Apfelsaft eingelegt waren – ambitioniert! Und es gibt sogar eine Auswahl für die kleinen Gäste – Bikinisandwich zum Beispiel!

Das Es Príncep steht am Rande von Palmas Altstadt und direkt an den Stadtmauerresten samt dem Mirador Baluar del Príncep, daher der Name. Dahinter liegt die Bucht von Palma, darin die Boote, und zur anderen Seite Call Menor, das einstige jüdische Viertel der Stadt. All das liegt ausgebreitet vor einem, auch wenn man nur einen Cortado ordert. Ist ja eine Bar.

Adresse Almaq Rooftopbar, Carrer de Bala Roja, 1, 07001 Palma, www.esprincep.com/de/essen-und-trinken/almaq, Tel. +34/971720000 | **ÖPNV** mit den Buslinien 501, 504c und 505 bis zur Haltestelle Porta des Camp unmittelbar am Hotel | **Öffnungszeiten** im Winter 10.30–18.30 Uhr, im Sommerhalbjahr von früh bis sehr spät

31 Purozushi
Bunte-Sterne-Sushi

Sushi ist auf Mallorca so beliebt, dass selbst Hotelketten die Rollen in ihre Buffets integrierten – etwas lieblos zusammengeklatscht und unter ferner liefen. Für erstklassige Sushi muss man zum Spezialisten, wobei dieser nicht notwendigerweise aus Japan stammt. Purozushi betreibt einen Stand in der Fischabteilung des Mercat de l'Olivar samt angrenzenden Tischen – die Markthalle ist ein Mekka für den Mittagstisch, halb Palma isst hier. Schon die Auslage ist eine Verheißung, so bunt und überbordend kommen einem die Sushi und Maki vor. Fast ist man geneigt, dies auf eine mediterrane Liebe zu Farbe und Licht zurückzuführen und zu glauben, man hätte es mit einer mallorquiner Spielart des Sushi zu tun: farbenfroher, opulenter, ja irgendwie strahlender und auch ungezwungener – weniger streng.

Doch weit gefehlt! Purozushi wird vom Sternekoch Thomas Wilden betrieben, der als einer der ersten überhaupt Sushi in Palma anbot – damals noch unter dem Namen Yoshushi und unter anderem mit flambierten Nigiri-Sushi. Nicht aufgrund des Showeffekts, sondern um den Fisch abzuflämmen, also um ganz leichte Röstaromen zu inkorporieren und den Garprozess in Gang zu setzen. Auch kam Wilden auf die Idee, die Tiefe und das Umami eines Thunfischfilets mit der Frische eines Erdbeerstücks zu kombinieren. Wahrscheinlich sind derlei Vorgehensweisen in Japan undenkbar und stellen ein Sakrileg dar, aber genau deswegen sind wir ja auf Mallorca, da geht das …

Purozushis Auswahl ist begrenzt und in der Auslage einzusehen, man wählt mit dem Auge aus und zahlt pro Stück. Dazu wird exzellenter Wein angeboten, aber auch Rosésekt, der es aufgrund der leichten Restsüße besser mit Wasabi und Ingwer aufnimmt. Gari-Ingwer natürlich, süß-sauer eingelegter Sushi-Ingwer, der sich während des Fermentationsprozesses rosa verfärbt. Ist dann unter dem Strich doch mediterrane Liebe zu Farbe im Spiel?

Adresse Mercat de l'Olivar – Zona Pescaderia Puesto 11 BC, 07002 Palma, www.purozushi.net | **ÖPNV** von der zentralen Plaça d'Espanya 5 Minuten zu Fuß | **Öffnungszeiten** Mo – Do 11 – 18.30, Fr bis 19.30, Sa bis 20, So geschlossen

32 QueBO
Die Kantine

Mitten im Industriegebiet Polígono Son Castelló und damit nahe der Überlandstraße nach Inca verbirgt sich ein kleiner kulinarischer Geheimtipp: QueBO Cafetería & Restaurante. Dieses Lokal beweist eindrucksvoll, dass man auch in einem Gewerbegebiet gute, preisgünstige Küche und einladendes Ambiente finden kann – garantiert völlig untouristisch, so untouristisch wie die Kantine von Ikea in Berlin-Spandau! Nur besser.

Das QueBO öffnet seine Türen bereits früh am Morgen und bietet ein vielfältiges Frühstücksangebot. Von frisch gebrühtem Kaffee bis hin zu herzhaften Bocadillos – hier findet jeder den perfekten Start in den Tag. Für den kleinen Hunger zwischendurch stehen am Vormittag verschiedene Snacks und Gebäck bereit. Zur Mittagszeit verwandelt sich das QueBO in einen beliebten Treffpunkt sowohl für Angestellte als auch Kunden des umliegenden Gewerbes. Das täglich wechselnde Menu del Día bietet eine Auswahl an Vorspeisen, Hauptgerichten und Desserts, die sowohl traditionelle spanische als auch moderne internationale Einflüsse vereinen. Besonders hervorzuheben ist die Qualität der Zutaten und die liebevolle Zubereitung, die jedem Gericht anzumerken ist – »QueBO« steht für »Wie gut ist das denn!?«

Das QueBO lebt also nicht von Laufkundschaft, sondern wird gezielt und wiederholt angesteuert. Auch bietet es einen Lieferdienst in die Büros und an die Arbeitsplätze von Son Castelló an. Die Räumlichkeiten des QueBO sind modern, licht und einladend gestaltet. Helle Farben, großzügige Sitzbereiche und eine entspannte Atmosphäre machen das Restaurant zu einem Ort, an dem man gern verweilt.

Das QueBO Cafetería & Restaurante zeigt eindrucksvoll, dass gutes Essen und ein angenehmes Ambiente nicht zwangsläufig an touristische Hotspots gebunden sind. Insbesondere wenn man zwischen Palma und Inca mit dem Mietwagen unterwegs ist, bietet sich das QueBO für einen Pausenstopp an.

Adresse Gran Via Asima 34, 07009 Palma, www.quebo.restaurant, Tel. +34/971022244 | **ÖPNV** unmittelbar an der U-Bahn-Station Camí dels Reis (M1) | **Öffnungszeiten** Mo–Fr 7–16.30 Uhr

33 Rivareno
Die beste Eisdiele Mallorcas?

Okay, das hier ist ein Recherchefail. Auch so etwas kommt vor: Dass der Autor nicht in Erfahrung bringen konnte, ob es sich wirklich um die beste Eisdiele Mallorcas handelt. Nun, Superlative sind ja eh immer etwas vermessen, und es würde ja reichen, von einer der besten zu sprechen, aber das Rivareno wurde nunmal mehrfach als die beste bezeichnet – von berufenen Mündern, die in Palma leben. Es begab sich jedoch, dass der Autor abends in Begleitung einer Italienerin das Rivareno ansteuerte, nicht ohne diese um die Vorschusslorbeeren wissen zu lassen. Sie jedoch blieb unbeeindruckt, auch von der Info, dass es sich um *Gelato* handeln würde – echt italienisches Eis. Beeindruckt hingegen war sie vom Preis und vom Verhältnis des Preises zu der Kugelgröße, sodass sie beschloss »Hier nicht! Vieni!«

Wahr ist, dass Rivareno seinen Ursprung in Italien hat und man von Anfang an das beste italienische Eis aller Zeiten herstellen wollte. Zu diesem Zweck schlossen sich ein Eismacher aus Bologna, ein Anwalt, eine Journalistin und ein Manager zusammen und gründeten Rivareno – ein Vorhaben, das schnell zu einer erfolgreichen Marke wurde. Das Unternehmen wuchs rasch und wurde zu einer Kette, die mit Franchisenehmern weiter expandierte und auch Filialen auf Mallorca eröffnete.

Mit Premium Pricing oder auch Prestige Pricing bezeichnet man eine Marketingstrategie, welche die Preise für Endverbraucher bewusst hoch ansetzt. So signalisiert man Exklusivität und hohe Qualität und setzt sich von der Konkurrenz ab. Der Preis spiegelt dabei jedoch weder die tatsächlichen Kosten noch die Produktqualität. Wir können also festhalten, dass Rivareno die mit Abstand teuerste und damit exklusivste Eisdiele Palmas und ganz Mallorcas ist. Wie es um die tatsächliche Qualität des Speiseeises besteht, dass müssen Sie selbst herausfinden. Gehen Sie aber nicht mit Italienern hin, vorsichtshalber!

Adresse Plaça de la Llotja, 1, 07012 Palma, www.rivareno.com | ÖPNV mit der Buslinie 35 zur Plaça de la Reina, von dort 7 Minuten zu Fuß | Öffnungszeiten täglich 11–0 Uhr

34__ Torrons Vicens
Tradition mit Biss

Es beginnt, wie so oft, in einer kleinen Werkstatt. 1775 stellt Vincenç Agras in Agramunt, einer katalanischen Kleinstadt auf dem Festland, seinen ersten Turrón her – eine weiche, klebrige Mandelnougatmasse, die sich später als so etwas wie die Nationalsüßigkeit Spaniens etablieren sollte. Die Basis dieser Süßigkeit besteht aus Honig oder Zucker (viel Zucker) sowie Mandeln und Eiweiß. »Nougat« hat lateinischen Ursprung: Nux Gatum bedeutet Kuchen mit Nüssen. Turrón hingegen stammt von katalanisch *torrar*, was wiederum auf das lateinische *torrere* zurückgeht und rösten bedeutet – gemeint sind die Mandeln. Ob Turrón weich und klebrig ausfällt oder hart und knusprig, hängt von mehreren Faktoren ab: dem Anteil und der Verarbeitung der Mandeln, dem Verhältnis von Honig und Zucker sowie der Dauer der Erhitzung und dem Grad des Karamellisierens.

Viele Generationen später ist aus der kleinen katalanischen Manufaktur ein Imperium geworden, und selbst in Palma kann man sich nun die Zähne an dieser Tradition ausbeißen. Die Filiale von Torrons Vicens liegt strategisch klug in der Altstadt, umgeben von schicken Boutiquen und Cafés, die sich perfekt zum Verschnaufen nach dem Zuckerrausch eignen. Denn wer hier einkauft, verlässt den Laden selten ohne eine ordentliche Auswahl an Turrón-Riegeln, sei es die klassische Variante mit Honig und Mandeln oder moderne Abwandlungen mit Pistazien, Schokolade oder gar gesalzenem Karamell. Das Problem: So verführerisch das Zeug ist, so sehr fordert es auch das Gebiss heraus. Spätestens nach dem dritten Bissen der harten Variante (*Turrón Duro*) wird klar, warum Mallorca eine so hohe Dichte an deutschsprachigen Zahnärzten hat.

Trotzdem – oder gerade deshalb – bleibt ein Besuch bei Torrons Vicens ein fester Bestandteil jeder kulinarischen Entdeckungstour durch Palma. Und wenn es doch knackt, dann waren es die Mandeln. Hoffentlich.

Adresse Carrer de la Bosseria 6, 07001 Palma, www.vicens.com | **ÖPNV** von der Intermodal über die Carrer de Sant Miquel in 11 Minuten zu Fuß | **Öffnungszeiten** täglich 9.30–21 Uhr

35_ Tramuntana

Fingerfood im Sitzen

Der Name des trendy Ecklokals ist etwas irreführend, denn im Mittelpunkt stehen mitnichten Gerichte oder Produkte aus der Serra de Tramuntana. Tapas und Pinchos heißt es im Zusatz, was nun wirklich nichts mit Mallorcas Weltnaturerbe-Gebirgszug zu tun hat. Macht aber nichts, im Gegenteil, das Tramuntana macht sehr viel Spaß. Das beginnt schon mit der meterlangen Auslage an frischen Pinchos, aus der man nach Optik auswählen kann, ohne überhaupt die Karte zu studieren. Pinchos stammen ursprünglich aus Galicien (dort Pintxos geschrieben) und sind nach dem Holzstäbchen benannt, das Belag und Brotunterlage zusammenhält. Fingerfood! Bocadillos gibt es auch, die wiederum haben einen Brotdeckel, sind also das, was man in Deutschland belegtes Brötchen nennen würde. Der Begriff kommt von »bocado«, was »Bissen« bedeutet, und der Verkleinerungsform »-illo«. Tapas wiederum kennt jeder und will auch jeder unbedingt haben. Nichts verkehrt daran, denn mit den kleinen Portionen kann man sich immerhin einmal quer durch die spanische Küche probieren, mallorquinische Abwandlungen inklusive.

Allerdings geht all das ein bisschen ins Geld, wenn man nicht nur einen Zwischenimbiss einnehmen will – nicht falsch verstehen, die Pinchos rangieren qualitativ am oberen Ende der Skala, kosten pro Stück um die fünf Euro und sind zum Beispiel mit einer Garnele garniert. Aber das ist schon happig für einen Happen, insbesondere wenn man sich klarmacht, dass sowohl Pintxos als auch Tapas ursprünglich umsonst auf den Tisch kamen, als Zugabe zum alkoholischen Getränk. Zu trinken ohne etwas zu essen, das geht bis heute kulturell nicht klar. Diese Tradition hat sich auf dem Festland erhalten, wer beispielsweise in Granada Bier trinken geht, bekommt automatisch sein Deckelchen dazu. Nichts anderes bedeutet Tapas übersetzt, und die Portionen werden mit jedem Bier größer und raffinierter.

Adresse Carrer de Jaume II 14, 07001 Palma, www.restaurantetramuntana.com, Tel. +34/971419819 | **ÖPNV** mit den Buslinien 3,4 und 7 bis zum Plaça de la Mercat, von dort wenige Minuten zu Fuß | **Öffnungszeiten** täglich 11–21 Uhr, So geschlossen

PALMA

36 — Trampó Fruiteria
Tomatensalatomatensalato

Zu den großen Vergnügen auf Mallorca gehört frisches, gemacksintensives Gemüse. In jedem Dorf gibt es neben den Wochenmärkten kleine Läden, die »fruiteries d'aquí« verkaufen – Früchte und Gemüse »von hier«, also auf Mallorca gezogen. Trampó ist so ein Laden in Palma, der an der Avinguda d'Antoni Maura in Marratxí mächtig weit ab vom Schuss liegt und unter anderem unterschiedlichste Tomatensorten im Angebot hat, mit denen er ausschließlich Locals versorgt.

Obwohl die Tomate auf Mallorca im Gegensatz zu Italien selten im Rampenlicht steht, ist sie in vielen Rezepten unverzichtbar. Die dickschalige, aromatische Ramellet (auch Ramallet oder Ramillete) ist neun Monate im Jahr erhältlich und nur auf der Insel zu finden. Die Ramellet wird als Wintertomate bezeichnet – nicht weil sie in der Winterzeit wächst, sondern weil sie sich lange lagern lässt. Diese Sorte fasst sich etwas härter an, hat auch in reifem Zustand noch grünliche Stellen und ist zudem teurer. Die im Spätsommer und Herbst auf Bauernmärkten angebotenen Ramellet-Zöpfe sind ideal zur Aufbewahrung und ermöglichen es, auch im Februar noch Tomaten für das klassische Pan amb oli einzusetzen. Die Ramellet wird eher für Schmorgerichte und Eintöpfe genutzt und selten roh oder in Salaten verwendet. Wenn also noch Platz im Koffer ist …

Für Einmachen, Pürieren oder Sofrit werden wie in Italien Flaschentomaten (Pera) verwendet. Eine weitere verbreitete Sorte ist die großfruchtige Rosa vom Festland, die wegen ihrer Würze und der dünnen Schale oft roh verwendet wird. Die voluminöse Cor de Bou, Mallorcas Variante der Ochsenherz- oder Cœur de bœuf-Tomate, reift vergleichsweise spät und ist empfindlich. Unbedingt zugreifen sobald verfügbar und einfach in dünne Scheiben aufschneiden, eine Prise Salz, gutes Olivenöl. Herz, was willst du mehr? Ja gut, vielleicht ein bisschen Büffelmozzarella …

Adresse Avinguda d'Antoni Maura 4, 07141 Marratxí | **ÖPNV** mit den Zuglinien T 1, T 2 und T 3 bis zur Station Verge de Lluc, von dort 5 Minuten | **Öffnungszeiten** täglich 8.30–14 und 17–19 Uhr, Fr und Sa abends sowie So geschlossen

37 La Madeleine de Proust
Souvenirs …

Das La Madeleine de Proust befindet sich im absoluten Herzen des Viertels Santa Catalina, unmittelbar an der Markthalle. Zumindest Croissants, sogar hausgemachte, lassen sich hier in den Cappuccino tunken – nicht jedoch Madeleines, wie das beim Romancier Proust der Fall war. Bei ihm entsteht aus dem Duft der Madeleine und der Erinnerung eine ganze Welt, die Croissants, die Galettes und die Tartes beamen einen immerhin mal eben nach Frankreich – was auch am engen Gehsteig liegt, der nur eine Reihe an kleinen Tischchen Platz bietet. Ja, es ist wahr, Santa Catalina erinnert in einem solchen Moment an das 20. Arrondissement, an das bunte Belleville und damit an ein Paris vor 30 Jahren.

Und ein paar Jahre auf dem Buckel hat das ebenso charmante wie unprätentiöse und verlässlich betriebsame Café in der Tat. Seit seiner Gründung im Jahr 2005 durch den französischen Koch Laurent Techt bietet diese gemütliche Lokalität authentische französische Patisserie und eine einladende Atmosphäre – ist also nicht Teil der jüngsten Gründungen im inzwischen hippen Distrikt, sondern noch ein Bote der alten, der gemütlichen Zeiten. Retro wirkt zudem die Anzahl an zeitungslesenden Gästen!

Auch Deftigeres findet sich im Frühstücksangebot, sättigende Quiches zum Beispiel oder Sandwiches (Tostadas). Frühstück ist jedoch in Frankreich wie in Spanien und also auch auf Mallorca eine vergleichsweise schnelle Angelegenheit, es wird unterwegs eingenommen, auf dem Weg. Die Fluktuation ist hoch, der Tag liegt ja noch vor einem. Zeit nehmen sich die Mallorquiner erst für das zweite Frühstück, wenn man sich gegen elf Uhr mit Freunden oder Kollegen auf einen Imbiss trifft, wobei dann durchaus schon Alkohol fließt. Den das Madeleine natürlich auch im Angebot hat.

Gebacken wird übrigens selbst, nur nicht hier vor Ort. Dafür ist das Eckcafé nun wirklich zu klein.

Adresse Carrer d'Anníbal 17, 07013 Palma, www.lamadeleine.es, Tel. +34/971912926 | **ÖPNV** mit der Buslinie 5 bis zur Haltestelle Comte de Barcelona – Santa Catalina, von dort 2 Minuten zu Fuß | **Öffnungszeiten** täglich 7.30 – 15 Uhr, So ab 8 Uhr

SANTA CATALINA

38 Mama Carmen's
Veganer Frühstücks-Hotspot

Mama Carmen's liegt noch in Santa Catalina, aber abseits der Besucherströme an einem ruhigen Platz. Hier findet nur hin, wer die frische, gesunde und kreative Küche liebt und zuvor von Mama gehört hat. Dieser kleine, charmante Spot ist längst kein Geheimtipp mehr, sondern ein Fixpunkt für diejenigen jüngeren Einheimischen und Foodies, die auf der Suche nach vegetarischem oder veganem Frühstück und Brunch sind. Darin ist Mama Carmen's nicht nur erstklassig, sondern wahrscheinlich auch einmalig in Palma.

Die Spezialität des Hauses sind definitiv die Bowls – farbenfroh und randvoll mit frischen Früchten, Nüssen und Superfoods. Kein Wunder, dass sie es regelmäßig auf die Instagram-Feeds der Gäste schaffen. Doch Mama Carmen's kann weit mehr als nur schöne Bowls. Die Avocado-Toasts, belegt mit marinierten Pilzen, Granatapfelkernen oder einer Prise Za'atar, sind der perfekte Start in den Tag. Dazu gibt es hausgemachtes Sauerteigbrot und cremige Cashew-Cheese-Varianten, die selbst überzeugte Käsefans staunen lassen. Ebenso wie der »Scrambled Tofu« als Rührei-Äquivalent.

Auch die Getränkekarte ist eine Klasse für sich und segelt weit entfernt vom Inselmainstream. Neben den üblichen Kaffeespezialitäten locken hausgemachte Nussmilch-Lattes, Cold Brews und erfrischende Kombucha-Varianten. Wer es süß mag, sollte die veganen Kuchen und Energy Balls probieren – alles handgemacht, ohne künstlichen Schnickschnack. Der Espresso beziehungsweise der Kaffee an sich ist allerdings nur so mittelprima und schlägt den ansonsten verbreiteten, traditionell sehr robusten Inselkaffee nur knapp.

Das Ambiente ist bunt und locker, genau die richtige Mischung aus Hip, Hipster und Hippie. Holz, Pflanzen und Vibes machen Mama Carmen's zum perfekten Ort für eine genussvolle Pause. Wer hier einmal frühstückt oder luncht, wird verstehen, warum dieser kleine Laden eine so große Fangemeinde hat.

Adresse Carrer de Cervantes 21, 07013 Palma, www.mamacarmen.es, Tel. +34/871774125 | **ÖPNV** mit verschiedenen Buslinien zu einer der Haltestellen der Àrea D'intercanvi Plaça del Progrés, von dort ein Katzensprung | **Öffnungszeiten** täglich circa 9 – circa 15 Uhr

39 Mercat de Santa Catalina
Hippes Viertel, hipper Markt

Santa Catalina ist Palmas Szeneviertel schlechthin – hier pulsiert das Leben abseits des Altstadttrubels und hat einen ganz eigenen, unverwechselbaren Charme entwickelt. Im Herzen des Viertels sitzt mit dem Mercat de Santa Catalina seit 1920 die älteste Markthalle Palmas. Einst Dreh- und Angelpunkt für die Fischer des Viertels, hat sich der Markt längst zum Treffpunkt für Foodies, Sterneköche und Einheimische entwickelt. Zwischen den Ständen stapeln sich fangfrischer Fisch, bestes Fleisch, Obst, Gemüse und Delikatessen aus aller Welt. Der Markt von Santa Catalina ist mondäner, hipper und vielleicht auch teurer als sein Pendant in der Altstadt, der Mercat de l'Olivar. Aber die Auswahl ist größer und nicht alltäglich – besonders spannend sind die lokalen, teils fast vergessenen Gemüsesorten, die es bei Frutas Ramón gibt.

Schon frühmorgens herrscht reges Treiben in der Markthalle. Zwischen Einkaufskörben und kühnen Kochideen knüpft sich so mancher Plausch, und an den kleinen Bars wird auf ein Glas Wein oder einen Happen Tapas haltgemacht – vor allem samstags, wenn die Locals ihre Shoppingtouren zu einem geselligen Event ausdehnen und der Markt aus allen Nähten platzt.

Santa Catalina selbst hat sich in den letzten zwei Jahrzehnten vom etwas vernachlässigten einstigen Fischerviertel zu Palmas hippster Ecke gemausert. Die vormals bröckeligen Fassaden haben einen frischen Anstrich bekommen, und die einst verwitterten Häuser strahlen in neuen Farben. Die Carrer Sant Magí, Herzstück des Viertels, hat sich zu einem pulsierenden abendlichen Treffpunkt entwickelt. Ursprünglich und ungeschliffen ist Santa Catalina also bei Weitem nicht mehr, aber genau das macht den Reiz aus: ein Viertel, das sich neu erfunden hat, wo zeitgemäße Restaurants und Cafés wie Pilze aus dem Boden geschossen sind und wo man definitiv am Puls der Zeit wandelt.

Adresse Plaça de la Navegació, 07013 Palma | **ÖPNV** von der Plaça d'Espanya in 25 Minuten zu Fuß oder mit den Buslinien 4, 5, 46 und 47 in 11 Minuten bis zur Haltestelle Comte de Barcelona | **Öffnungszeiten** Mo–Sa 7–16 Uhr

SANTA CATALINA

40_Naan World Street Food
Weltreise auf dem Teller

Das Naan hätte ursprünglich ein Food Truck werden sollen: Zwei Freunde wollten zusammen zurück zu den Wurzeln, auf die Straße, hin zu den Märkten, hinein in die dampfenden Garküchen. Doch dann kam alles anders. Statt vier Rädern gab es plötzlich einen festen, überdachten Standort, noch dazu im trendigen Santa Catalina. Das Naan bekam ein Zuhause. Eröffnet wurde, ohne viel Geld in die Hand zu nehmen, und vor allem, ohne Personal einzustellen. Alles selbst machen, genauso wie es im Food Truck gewesen wäre. Dann aber kamen die Gäste und der Erfolg …

Längst kümmert sich ein ganzes Team um Angebot, Küche und Service im Naan, längst wird hübsch angerichtet und zeitgemäßes Geschirr eingesetzt – Brot, Chips oder Pakoras kommen nicht mit profanem Zeitungspapier oder billigen Servietten umwickelt, sondern liegen auf eigens produzierten und gebrandetem Lebensmittelpapier. Auch die Preise haben sich dem Ambiente angepasst.

Von würzigem Thai-Curry über Ceviche und saftigen Bao Buns bis hin zu perfekt gegrilltem Fleisch mit exotischen Dips – jede Speise erzählt ihre eigene Geschichte. Authentisches Street Food, inspiriert von den Garküchen Asiens, den Food Stalls Südamerikas und den quirligen Märkten des Nahen Ostens. Im Naan wird gekocht, was schmeckt – ohne Schnickschnack, aber mit umso mehr Leidenschaft. Und dazu? Ein kühles Bier vom Faß, ein ganze Reihe klassischer Cocktails oder ein Espresso-Martini.

Die Küche gibt den Blick frei auf dampfende Woks, brutzelnde Spieße, es riecht nach frisch gerösteten Gewürzen, während sich an den Tischen ein buntes Publikum versammelt. Hier ein Tourist, der hergefunden hat, dort eine Gruppe Einheimischer, die längst Stammgäste sind. Ein Geheimtipp ist das Naan zwar nicht mehr, liegt aber zu weit abseits des Trubels der Carrer de Sant Magí und des Mercat de Santa Catalina, als dass man zufällig darauf stoßen würde.

Adresse Carrer Caro 16, 07013 Palma, www.naanstreetfood.com, Tel. +34/971915522 | **ÖPNV** mit den Buslinien 4 und 5 bis zur Station Comte de Barcelona, von dort gut 100 Meter | **Öffnungszeiten** Mi–Sa 13–15.30 und 18.30–22.30, So und Mo geschlossen, Di nur abends

SANTA CATALINA

41 Nola
Schmutzige Finger

Nola steht für New Orleans, den von dort stammt die Eigentümerin Nadia Ferres. Und die schmutzigen Finger, die einem das Restaurant in großen Lettern verspricht, beziehen sich auf Soul Food, auf jene scheinbar unkomplizierten, jedoch hocharomatischen Gerichte, für die die kreolische Küche berühmt ist. Klingt nach einer gewagten Speisekarte? Das ist sie – zumal dazu noch tibetische Teigtaschen oder Lammköfte kommen. Einfach weil es schmeckt und der Seele guttut. Diese erfreut sich auch an der farbig ausgeleuchteten, bunt zusammengewürfelten Einrichtung und am zauberhaften kleinen Gartenbereich.

Das Nola residiert genau dort, wo so ein wild zusammengezimmertes Meisterwerk bestehen kann – auf der Carrer de Sant Magí im angesagten Santa Catalina. Also jenseits der Haupttouristenströme, der Gambas und Paellas und Pizzen. Santa Catalina ist seit Jahren so etwas wie das In-Viertel Palmas und hat avantgardistische und experimentelle Bars, Läden und Restaurants nur so angezogen. Ursprünglich handelte es sich um das Viertel der Fischer, der Seiler und Müller, wovon heute noch Windmühlen an zwei Standorten zeugen. Deshalb wirkte es bis noch vor gut einem Jahrzehnt etwas vernachlässigt, dunkel und leicht baufällig. Dies hat sich ins Gegenteil verkehrt, bunter und zeitgemäßer wird es in Palma nicht und das Nola legt davon Zeugnis ab.

Das Versprechen dieses Buches, lecker zu essen, wird im Nola jedenfalls eingelöst. Zwar klingen manche Gerichte exotisch beziehungsweise kompliziert, am Gaumen aber sind sie das nicht mehr. Es ist verständlich, was die Küche zaubert und das ist als Kompliment gemeint! Sterneküche spielt mit Kontrasten, Texturen und Aromenprofilen. Im Nola hingegen dominiert Tiefe, und die versteht jeder. Jedenfalls sobald man die Spareribs mit BBQ-Sauce probiert hat … Nicht zu vergessen die Drinkspezialität des Hauses: Mojito mit wechselnden Früchten!

Adresse Carrer de Sant Magí 13, 07013 Palma, Insta: nola.palma, Tel. +34/971667006 | **ÖPNV** mit den Buslinien 1 und 108 zur Haltestelle Argentina / Sa Feixina, von dort keine 200 Meter | **Öffnungszeiten** täglich 18–1.30 Uhr, Sa 14.30–2 Uhr

SANTA CATALINA

42 La Nueva Burguesa
Burgerpflicht!

Burger haben sich längst als fester Bestandteil der mallorquinischen Gastronomieszene etabliert. Vom schnellen Imbiss zur hochdekorierten Spezialität – kaum ein Lokal kommt heute noch ohne eine eigene Interpretation aus. Doch während viele Restaurants den Trend eher mitlaufen, haben sich Oli und Sol 2017 mit La Nueva Burguesa in Santa Catalina voll und ganz dem perfekten Burger verschrieben. Der Erfolg gibt ihnen recht: Für viele ist ihr kleines, stylisches Lokal längst die erste Adresse für Burger in Palma.

Ihr Erfolgsgeheimnis? Eine bewusst schlanke Karte mit rund einem Dutzend Burgern, die nicht nur nach Zutaten, sondern auch nach ihren Erfindern benannt sind. Jeder Burger trägt den Vornamen der Person, die ihn am liebsten isst – so wie »Sol«, der mit Halloumi und knackigem Gemüse die vegetarische Fraktion überzeugt, oder »Tim«, der mit einem saftigen Rindfleisch-Patty, Bacon, Käse und Zwiebeln ganz klassisch daherkommt. Das Fleisch kommt aus Galicien, das Gemüse wird tagesfrisch vom nahen Markt besorgt.

Auch die Preisgestaltung ist angenehm bodenständig. Alle Burger überschreiten die Zehn-Euro-Marke nur knapp, allerdings werden Beilagen wie Süßkartoffelpommes oder hausgemachte Saucen extra berechnet. Wer sich noch ein Craft- oder Gingerbier, ein Glas Wein oder einen Kaffee gönnt, landet am Ende meist bei rund 20 Euro – aber dafür gibt es exzellentes Fleisch, fein abgestimmte Kompositionen und die Freiheit, den Garpunkt selbst zu bestimmen.

Ein weiteres Highlight ist die ungewöhnlich gut sortierte Gin-Auswahl: Neben Klassikern aus England und Spanien stehen hier auch weniger bekannte Tropfen aus Deutschland und sogar Kanada auf der Karte. Plus diverse Tonics zum Kombinieren. Ein Grund mehr, sich hier nicht nur einen Burger, sondern vielleicht auch einen Absacker zu gönnen. Wer in Palma auf Burgerjagd geht, kommt an La Nueva Burguesa definitiv nicht vorbei.

Adresse Calle Sant Magí 76, 07013 Palma, Insta: lanuevaburguesa | **ÖPNV** mit den Buslinien 4 und 5 bis zur Plaça del Progress, von dort keine 5 Minuten zu Fuß | **Öffnungszeiten** täglich 12.30–15.30 und 19–22.30 Uhr, So geschlossen

SANTA CATALINA

43__Ohayo Poké
All in one

Zugegeben, das Ohayo Poké hat den Charme einer Gastro-Garage. Bunt dekoriert zwar, aber nicht wirklich gemütlich, auch nicht an den zwei Tischen draußen. Wohl deswegen kehren hier kaum Leute ein. Wer hingegen fast im Minutentakt vorbeischaut, das sind die ganzen Lieferservices. Zur Mittagszeit schaufelt das Ohayo Poké Bowls in die Gegend, dass es nur so kracht!

Poké Bowls stammen ursprünglich aus Hawaii und sind eine Kombination aus japanischer und hawaiianischer Küche. Der Begriff »Poké« meint »in Stücke schneiden« und bezieht sich auf die in Würfel geschnittenen rohen Fischstücke, die traditionell mit Sojasauce, Sesamöl und Gewürzen mariniert werden. Ursprünglich war Poké eine einfache Zwischenmahlzeit hawaiianischer Fischer, die frischen Fisch mit Zutaten kombinierten, die leicht verfügbar oder übriggeblieben waren. Eine Art Resteessen also, ein Mittagsmüsli?

Der Siegeszug der Poké Bowl begann in den 2010er Jahren, als das Gericht in Kalifornien populär wurde und sich von dort aus weltweit verbreitete. Dessen Anpassungsfähigkeit – mit Optionen für verschiedene Kohlehydrat-Grundlagen (Reis, Quinoa oder sogar Pasta), Proteinquellen und Toppings – hat es in der modernen, gesundheitsbewussten Gastronomie beliebt gemacht. Es passt ideal zu Trends wie Clean Eating und der Liebe zu instagramtauglichem Essen – wie man rechts im Bild erkennen kann.

Das Ganze kann natürlich auch schnell in die Hose gehen, wenn die Qualität der Grundzutaten nicht stimmt. Das tut sie aber im Ohayo Poké, der rohe Thunfisch in der Bowl ist herausragend und von Sushi-Qualität, sodass man in der Tat meint, japanische Feinheit durchzuschmecken. Dabei ist man gar nicht darauf angewiesen, den Empfehlungen zu folgen. Im Ohayo Poké lässt sich die ganz eigene Bowl beliebig zusammenstellen – wenngleich das wohl eher ein Ding für Fortgeschrittene ist (ebenfalls rechts im Bild).

Adresse Carrer de la Fàbrica 51, 07013 Palma, www.buscarmenu.es/menu/ohayopoke, Tel. +34/635639088 | **ÖPNV** mit der Buslinie 4, 40 und 46 bis zur Plaça de la Progress, wenige Schritte zu Fuß | **Öffnungszeiten** täglich 12.30–15.30 und 19–22 Uhr, Di geschlossen

44 El Perrito
Lauter Leckerlis

Man darf sich eigentlich schon deswegen nicht irgendwo hinter Halbpension verschanzen, weil man sich damit um ein großes Vergnügen bringt: außer Haus zu frühstücken in Palma. Natürlich funktioniert das auch andernorts auf der Insel prächtig, aber nirgends ist die Auswahl so bunt und zeitgemäß wie in der Inselhauptstadt oder genauer gesagt im Viertel Santa Catalina. Das Perrito am Feixina-Park, unmittelbar an der Grenze von Santa Catalina und dem Innenstadtbezirk, ist dafür das beste Beispiel. Der Name bedeutet »Hündchen« und die Porträtfotografien von Hunden im Ladeninneren sind nur eine von zahllosen Referenzen an des Menschen besten Freund.

Frühstück und Brunch gibts im Perrito, wobei dazwischen kaum ein Unterschied ist – Falafel, Burger und Madras-Hühnchen sowie eine japanisch angehauchte Thunfisch-Bowl laufen unter Brunch, die sieben (!) Varianten von Eggs Benedict aber gelten ebenso als Frühstück wie die diversen Toasts und Bagels. Dazu kommen so glorreiche Smoothies wie jener aus Milch, Erdnussbutter und Banane – was ja quasi ein Mahl für sich ist. Aber heutzutage werden keine Kalorien mehr gezählt, sondern Proteinanteile, und die können gar nicht hoch genug sein. Kombinieren wir daher das Erdnussbuttershake einfach mit Eggs Benedict »Royal«, das mit Räucherlachs auf einer Art Muffin serviert wird, und gönnen uns für schlappe 1,50 ein zweites pochiertes Ei! Dann einen ebenso exzellenten wie preiswerten Cortado und anschließend diesen Limetten-Orangen-Kuchen aus Mandelmehl. Und vielleicht noch einen Karottenkuchen-Powerball für unterwegs… wer weiß, wann's wieder vernünftig zu essen gibt!

Falls Ihnen jetzt der Mund wässrig geworden ist: Das war Absicht. Und das Perrito unterhält zudem zwei weitere Filialen, eine direkt um die Ecke an der Markthalle, und die andere im Nordwesten der Insel, in Pollença. Zu irgendeiner der drei werden Sie es schon hinschaffen.

Adresse Carrer d'Anníbal 1 und 20, 07013 Palma, Carrer de Bartomeu Aloy 24, 07460 Pollença, www.elperritocafe.com | **ÖPNV** mit der Buslinie 7 bis Haltestelle Indústria, von dort wenige Minuten | **Öffnungszeiten** Palma täglich 9–17 Uhr; Pollença täglich 8–17 Uhr, Mi geschlossen

45 Primo Taqueria
Tacos vom Feinsten

Ursprünglich versteht man unter Taquerias kleine Straßenstände oder winzige Lokale, die frische Maisfladen verschiedenster Füllungen auf die Hand verkaufen – die Tacos. Die Primo Taqueria sieht aber ein bisschen aus wie ein Berliner Eckladen im Bezirk Friedrichshain, so groß, so bunt und übervoll mit Aufklebern, Graffiti und Tags ist sie. Wer hier war, hinterlässt Spuren – wortwörtlich. Die Wände fungieren als interaktives Gästebuch, ein gelebtes Manifest aus Unterschriften, Zeichnungen und kurzen Messages. Ein Stück vom Primo-Spirit für die Ewigkeit. Also Marker schnappen, Namen verewigen und sich noch eine Runde Tacos gönnen – weil's einfach verdammt gut schmeckt. Auch wie in Berlin: Mehr Tische und Stühle draußen als drinnen, Platz gibt es am verkehrsberuhigten Ende der Carrer de la Fàbrica genug. Santa Catalina gilt manchen als durchgentrifiziert, das Primo beweist, dass das noch lange nicht der Fall ist.

Die Küche ist kreativ, unprätentiös und immer voller Überraschungen. Hausgemachte mexikanisch-kalifornische Fusionsküche, serviert auf großzügigen Platten, die man sich mit Freunden teilt. Auch die Tacos sind natürlich hausgemacht und kommen in allen erdenklichen Farben und Geschmacksrichtungen – mal klassisch mit Carne Asada, mal wild mit gegrilltem Fisch oder veganer Raffinesse. Dazu Quesadillas oder Elotes mit cremigem Cotija-Käse und selbstverständlich frische Guacamole. Burger und Tostados komplettieren die Hauptspeisen, die Nachtischkarte ist erstaunlich umfangreich. Die Bar haut handgemixte Margaritas raus, eine beachtliche Sammlung von Tequilas und Mezcals sowie Cocktail-Kreationen, die locker den Sprung ins Lieblingsdrink-Repertoire schaffen. Und während ein Hip-Hop-Track aus den Boxen rollt, fühlt man sich ein bisschen wie in einem urbanen Taco-Tempel irgendwo in L.A. – nur eben am Mittelmeer mit dessen vergleichsweise bescheidenem Surf.

Adresse Carrer de la Fàbrica 29, 07013 Palma, www.primotaqueria.com, Tel. +34/679057067 | **ÖPNV** mit den Buslinien 4 und 5 bis zur Station Comte de Barcelona, von dort 200 Meter | **Öffnungszeiten** täglich 13–16.30 und 19–0 Uhr, Fr–So 13–0 Uhr

SANTA CATALINA

46__ Qesos Artesanos
Käseglück zum Mitnehmen

Die Markhalle von Santa Catalina gilt als hipper und auch teurer als ihr Pendant in der Innenstadt, der berühmte Mercat de l'Olivar. Hier kaufen die Sterneköche ein. Kein Wunder, denn die Auswahl im Mercat de Santa Catalina ist internationaler. Nehmen wir zum Beispiel den Stand von Qesos Artesanos – was übersetzt auf handwerklich hergestellte Käsesorten hinausläuft. Das klingt bescheiden und danach, hier auf die Käseproduktion Mallorcas zu stoßen, die nicht besonders groß ist. Schafs- und Ziegenkäse der Kleinproduzenten der Insel findet man auch - in unterschiedlichen Reifegraden, zum Beispiel der zart-würzige Schafskäse von Lluís Cirera aus Llucmayor. Aber Qesos Artesanos wäre nicht dieser Publikumsmagnet, wenn es dabei bliebe. Der kleine Stand stapelt nicht tief, sondern hoch – bis unter die Decke mit den besten Käsesorten Europas. Französische Rohmilchkäse, spanische Klassiker wie Manchego in allen Reifestufen, kräftiger Cabrales aus Asturien, der so reif ist, dass er fast von selbst aus dem Regal klettert. Blauschimmel aus Italien, ein cremiger Brillat-Savarin, der auf der Zunge zergeht, oder ein alter Comté, dessen kristalline Struktur fast im Mund knackt – wer hier nicht schwach wird, hat kein Herz für Käse.

Die Betreiber verstehen ihr Handwerk, sind keine Verkäufer, sondern Berater. Sie lassen probieren, erklären, welches Stück sich für was eignet, und geben auf Wunsch noch die perfekte Weinempfehlung dazu. Manchmal entstehen an der Theke richtige kleine Verkostungen, wenn ein Kunde eine Frage stellt und plötzlich alle mitdiskutieren.

Dass so ein Stand in Santa Catalina sitzt und nicht auf irgendeinem x-beliebigen Markt, ist klar. Hier sind die Kunden experimentierfreudig, verwöhnt von den vielen internationalen Einflüssen im Viertel. Wer einmal ein Stück perfekt gereiften Käse mit nach Hause genommen hat, der kommt wieder – garantiert.

Adresse im Mercat de Santa Catalina, Plaça de la Navegació, 07013 Palma | **ÖPNV** mit den Buslinien 4, 5, 46 und 47 bis zur Haltestelle Comte de Barcelona, von dort 5 Minuten zu Fuß | **Öffnungszeiten** Mo–Sa 7–16 Uhr

SANTA CATALINA

47__ Taberna Vasca Jai-Alai
Feste feiern

Die Taberna Vasca Jai-Alai ist ein kleines, schnell übersehenes Juwel, abseits vom Schuss und so gar nicht touristisch. Denn welcher Tourist käme von sich aus auf die Idee, in Palma nach authentischer baskischer Küche zu fahnden, wie Garbiné Legarreto Olarra sie in Santa Catalina anbietet? Mit Öffnungszeiten allerdings, die Zufälle weitgehend ausschließen und Punktlandungen erfordern.

Der größte gemeinsame Nenner zwischen Mallorca und dem Baskenland ist der Bacalao, also Stockfisch beziehungsweise gesalzener und getrockneter Kabeljau. Portugiesische und baskische Fischer brachten diesen einst aus den reichen Fanggründen des Nordatlantiks mit, während mallorquinische Kaufleute ihn verarbeiteten und in den Mittelmeerraum exportierten. Im Jai-Alai kommt er in einer Variante daher, die so puristisch wie wirkungsvoll ist: saftig, mit sanfter Salzpräsenz und auf den Punkt gegart. Die Speisekarte ist kurz, aber durchdacht: exzellente Croquetas, vielleicht die besten Palmas, je nach Saison auch mit Iberischem Schinken oder Meeresfrüchten. Das legendäre Chuletón – ein auf Holzkohle gegrilltes Rinderkotelett aus der Hochrippe – sorgt für leuchtende Augen bei Fleischliebhabern. Dann wäre da noch der Idiazabal-Käse, rauchig, leicht pikant und perfekt zu einem Glas Txakoli, jenem spritzig-leichten Weißwein, der an der Atlantikküste genauso zu Hause ist wie inzwischen in Santa Catalina. Und Miesmuscheln, ebenfalls mit einem Schuss Txakoli kurz gegart und so prall wie saftig!

Viele der eingesetzten Produkte, auch aus der ans Baskenland angrenzenden Navarra, lassen sich zudem vor Ort erwerben und mitnehmen. Bleibt die Frage nach dem Namen, diesem leicht kryptischen Jai-Alai … Nun, das bedeutet auf Baskisch nichts anderes als »Fröhliches Fest« und steht zudem synonym für den dortigen Nationalsport Pelotas, der wiederum hauptsächlich an kirchlichen Feiertagen gespielt wurde.

Adresse Carrer de la Fàbrica 59, 07013 Santa Catalina, Tel. +34/871956335 | **ÖPNV** mit diversen Buslinien bis zu den Haltestellen der Àrea d'intercanvi pl. del Progrés, von dort 200 Meter zu Fuß | **Öffnungszeiten** Mi–Sa 20–23 Uhr, So 13–15.30 Uhr, Mo und Di geschlossen

SANTA CATALINA

48__ Vinostrum La Fábrica
Bar, Bistro und Laden

Mit einer Fabrik hat das Vinostrum rein gar nichts zu tun, der Zuname ist der Ecklage an der Carrer de la Fàbrica geschuldet, im unweiten Mercat de Santa Catalina gibt es eine kleine Dependance. Angenehm rustikal wirkt das Vinostrum auch deshalb, weil es mehr nach Weinladen aussieht denn nach Gastrobar und all das verwendet wurde, was eh schon da ist: Fässer als Tische, Kisten als Deko. Über 400 Positionen an Wein, Wermut und Cava werden vorgehalten, viele lassen sich probieren, viele werden als offene Weine ausgeschenkt. Und zwar begleitet mit jenem unkomplizierten, aber vollgültigen Menü, dass man auf Mallorca als Marktküche kennt. Schnell, frisch, auf den Punkt, aber ohne Kompromisse, was Frische und Qualität angeht – so lässt sich das wohl am besten beschreiben. Burrata und Ceviche vom Tintenfisch laufen unter Salat, ideale Weinbegleiter sind die verschiedenen Wurst-, Käse- und Pinchos-Platten (*tablas*). Was den Wein angeht, sitzt man sowieso an der Quelle, auch was die Kompetenz des Service betrifft. Wo, wenn nicht hier herausfinden, was einem wirklich gefällt, und sich etwas empfehlen lassen.

Die Kombination von Bar, Bistro und Weingeschäft hat etwas Geniales, gerade weil so wenig Aufhebens um gute Tropfen gemacht wird. Vinostrum ist im positiven Sinne eher einfach gehalten, sprich, man muss kein Weinkenner sein, um sich hier wohlzufühlen und den Abend zu genießen. Dazu kommt, dass guter Wein nicht teuer sein muss und unkompliziert sein darf – auch und gerade wenn es um rustikales Essen geht. Schwellenangst ist also unangebracht. Wer hingegen das Besondere liegt und auf der Jagd nach Schätzen ist, sucht sich einfach einen Jahrgang aus den Weinen im Verkauf aus und lässt sich diesen am Tisch servieren. So kommen Weinliebhaber, Einsteiger und Banausen auf ihre Kosten. Am Ende zählt eh der Geschmack und nicht das Weinwissen.

Adresse Carrer de la Fàbrica 45, 07013 Palma, www.vinostrumlafabrica.com | **ÖPNV** mit der Buslinie 5 bis zur Haltestelle Comte de Barcelona – Santa Catalina, von dort 2 Minuten zu Fuß | **Öffnungszeiten** Mi – Fr 18 – 0 Uhr, Sa 12 – 0 Uhr

SANTA CATALINA

49__ The Windmill Kitchen
Self Service hoch zwei

Nicht immer bedienen lassen, auch mal selbst Hand anlegen – und lernen, wie's geht! In einer der berühmten Windmühlen der Carrer de la Indústria ist eine Kochschule beheimatet. Wobei die »Unterrichts«-Stunden schon durch die Location zum Event werden: Der runde Mühlenturm stammt aus dem 18. Jahrhundert und ruht auf einem Gewölbeviert, das bildhübsch modernisiert und mit deckenhohen Fenster ausgestattet worden ist. Der Begriff »Kochkurs« wird dem dreistündigen Treiben auch nicht ganz gerecht, besser wir sprechen von kollektiver Kocherfahrung. Denn zubereitet wird ein ganzes Menü, Klassiker der spanisch-mallorquinischen Küche und der Privathaushalte. Das Ganze unter Anleitung und Aufsicht eines erfahrenen Chefs, sodass absolut nichts schiefgehen kann. Das Kochen in der Kleingruppe wird also zum Fest, zumal man sich weder um Zutaten noch den Abwasch kümmern muss. Es ist also ein bisschen so, als würde man im Restaurant für sich selbst kochen, um dann mit der ganzen Crew zu speisen.

Der Ablauf ist praxisnah gestaltet. Nach einer kurzen Einführung in die regionale Küche folgt eine Schritt-für-Schritt-Anleitung zur Zubereitung der Gerichte, fünf Gänge sind es insgesamt. Der persönliche Austausch steht dabei im Mittelpunkt, sodass alle Nachfragen beantwortet werden können. Blutige Anfänger wird der Kurs wohl gar nicht erst anziehen, aber auch diese wären gut aufgehoben und könnten anschließend mit der unfallfreien Fabrikation einer originalen Tortilla glänzen. Eine richtige Kunst ist die Zubereitung der Paella, nicht nur wegen des Reis, sondern auch wegen der Garpunkte der Meeresfrüchte – Dinge, die man aus Kochbüchern nur schlecht lernt, und Produkte, die man im Norden selten frisch bekommt.

Der krönende Abschluss des Kurses ist das gemeinsame Genießen der frisch zubereiteten Speisen in geselliger Atmosphäre – im Gewölbe unter einer historischen Windmühle.

Adresse Carrer de la Indústria 9, 07013 Palma, www.moltak.com | **ÖPNV** mit der Buslinie 5 bis zur Haltestelle Comte de Barcelona – Santa Catalina, von dort wenige Minuten zu Fuß | **Öffnungszeiten** Kurse mittags und abends auf Voranmeldung via Website

SANTA CATALINA

50 Xólotl
Wild at Heart

Xólotl – das ist nicht nur der Name eines aztekischen Gottes mit Hundegesicht, Schutzpatron der Zwillinge, Unterweltführer und Begleiter der Seelen. Xólotl ist auch ein Restaurant in Palma, das mexikanische Küche mit Seele serviert – und dabei nicht auf Show, sondern auf Substanz setzt. Wer hier Enchiladas oder Tacos bestellt, bekommt kein Tex-Mex, sondern echtes Mexiko, dessen Grundlage schon bei den Körnern beginnt: mit Nixtamal.

Denn der Mais, der hier verarbeitet wird, ist nicht irgendeiner. Er wird täglich frisch nixtamalisiert – ein aufwendiger Prozess, bei dem die Maiskörner in Wasser mit Kalk gekocht, anschließend gewaschen und dann zu Masa, der Teigbasis für Tortillas, verarbeitet werden. Dieses uralte Verfahren ist nicht nur Geschmackssache, sondern die Essenz authentischer mexikanischer Küche, die Grundlage. Ohne Nixtamal gibt es keine richtige Tortilla. Kein Duft, kein Biss, keine Tiefe. Im Xólotl aber duftet der Teig warm, schmeckt leicht nussig und trägt alles, was auf ihm ruht, mit Würde.

Dass hier mit echter Leidenschaft gearbeitet wird, merkt man spätestens beim ersten Bissen. Die Salsa Verde hat Punch, das Cochinita Pibil kommt so zart und aromatisch daher, dass man die Yucatán-Hitze fast spüren kann, und das Mole Negro zieht mit seinem Kakao-Chili-Spiel alle Register. Mexiko sowohl fürs Instagram-Feuerwerk als auch für Gaumen und fürs Herz – ehrlich, präzise und irgendwie ein bisschen wild. Jedenfalls für europäisch sozialisierte Gaumen.

Dazu läuft kein Mariachi-Getröte, sondern fein abgestimmte Musik zwischen Latin, Soul und Jazz. Die Atmosphäre ist entspannt, urban und trotzdem warm. Wer mag, nimmt einen Mezcal aus der kleinen, kuratierten Auswahl und lässt sich von den Gastgebern erklären, worin sich Espadín und Tobalá unterscheiden. Oder man bestellt einfach noch eine Runde Tacos – und bleibt, bis es spät wird.

Adresse Plaça del Progrés 18, 07013 Palma, www.xolotl.es, Tel. +34/871804280 | **ÖPNV** mit diversen Buslinien zu einer der Haltestellen am Plaça del Progrés | **Öffnungszeiten** täglich 13.30–16 und 20–23 Uhr, Mo geschlossen

GÉNOVA

51 Mesón Ca'n Pedro
Über den Dächern

Es gibt Ausflugslokale, die sind fast ausschließlich Mallorca-Besuchern vorbehalten, und es gibt solche, die den Einheimischen für Zusammenkünfte und Familienfeste dienen. Zu Letzteren gehört das Mesón Ca'n Pedro im Stadtteil Génova, weit außerhalb und hoch über Palmas Altstadt.

Die Karte strotzt nur so vor bekannten und erklärten Klassikern der mallorquinischen Küche, einer Modernisierung oder auch nur Ergänzung hat man sich hier konsequent entzogen. Arroz Brut, jener herzhafte, leicht schlotzige Reis mit Fleisch, Gemüse und Gewürzen, der auf der Insel seit Generationen in großen Töpfen gekocht wird. Cochinillo, das Spanferkel mit knuspriger Haut und butterzartem Fleisch, das hier in Perfektion zubereitet wird. Wer es deftiger mag, bestellt ein Lechona al horno, die gebackene Ferkelhaxe, die mit goldbrauner Kruste und intensivem Aroma daherkommt. Und dann wären da noch die gegrillten Lammkoteletts, die nach Kräutern und Holzkohle duften, oder der fangfrische Fisch vom Grill, der mit wenig Schnickschnack, aber viel Geschmack serviert wird. Ein weiterer Star der Karte ist das Pa amb Oli, die mallorquinische »Brotzeit« mit Tomaten, Olivenöl, Käse oder würzigem Serrano-Schinken – einfach, aber unschlagbar lecker. Auch die Caracoles a la Mallorquina, Schnecken in kräuterwürziger Brühe, sind ein Klassiker für Liebhaber der traditionellen Inselküche.

Der Service ist herzlich, die Portionen üppig, das Ambiente authentisch mallorquinisch. Kein Chichi, kein unnötiger Firlefanz – hier geht's ums Wesentliche: gutes Essen in bester Gesellschaft. Kein Wunder also, dass sich das Restaurant sowohl bei Familienfeiern als auch bei geselligen Abendessen unter Freunden großer Beliebtheit erfreut. Ein Tipp für die richtige Zeitplanung: Gerade am Wochenende und zu Stoßzeiten lohnt sich eine Reservierung, denn Ca'n Pedro ist vieles, jedoch kein Geheimtipp.

Adresse Carrer Rector Vives 14, 07015 Génova, www.canpedro.es, Tel. +34/854623738 |
ÖPNV mit der Buslinie 46 zum Busbahnhof in Génova, von dort 300 Meter zu Fuß |
Öffnungszeiten täglich 12.30–23.30 Uhr, Fr und Sa bis 0 Uhr

52 Las Terrazas de Bendinat
Klassiker mit Klippenblick

Das Restaurant Las Terrazas de Bendinat ist mehr als ein Hotelrestaurant – es ist die Seele eines Hauses, das seit 1952 Gäste empfängt und sich über die Jahre hinweg seinen Ruf als stilvoller Rückzugsort für Genießer bewahrt hat. Das Hotel Bendinat liegt in der noblen Wohn- und Feriengegend Bendinat etwas westlich von Palma und war nie laut, nie schrill, aber immer präsent – eine dieser Adressen, die still und souverän durch die Jahrzehnte gleiten, wie ein Segelboot bei spiegelglatter See.

Der Name des hoteleigenen Restaurants Las Terrazas ist buchstäblich gemeint: Die großzügig angelegten Terrassen sitzen unmittelbar den Klippen auf, staffeln sich in unterschiedlichen Ebenen um das Haupthaus – teils überdacht, teils offen, durch Palmen, Pinien und Lavendel voneinander abgeschirmt, stets mit dem Mittelmeer im Blick. Kein Verkehrslärm, kein Strandgewusel – dafür das diskrete Klirren von Besteck, das gelegentliche Glucksen einer Weinflasche, Möwenrufe und Wellenrauschen – ein Setting wie im Film.

Kulinarisch wird auf mediterrane Klassiker gesetzt, mit einem klaren Fokus auf Fisch und Meeresfrüchte: frischer Tintenfisch vom Grill, mallorquinische Garnelen mit Zitrus und Knoblauch, Seezunge oder Lammrücken. Die Vorspeisen setzen auf feine Regionalität – Burrata mit lokalen Tomaten, eine Ceviche mit mallorquinischem Touch, Carpaccio oder Jamón Ibérico. Die Desserts fallen so klassisch-souverän aus wie das Etablissement selbst: Crème brûlée, Zitronensorbet, Schokoladensoufflé.

Las Terrazas de Bendinat ist eine dieser raren Adressen auf Mallorca, wo man das Gefühl hat, dass die Zeit stehen bleiben darf – aber nicht stehen geblieben ist. Nichts ist altmodisch, nichts ist angestrengt hip. Es ist genau dieses Maß an Eleganz, das weder protzen noch gefallen will, sondern einfach da ist. Und das macht es so gut wie am ersten Tag – vielleicht sogar besser.

Adresse Hotel Bendinat, Carrer d'Andrés Ferret Sobral, 07181 Portals Nous/Bendinat, www.hotelbendinat.es, Tel. +34/9971675725 | **ÖPNV** mit der Buslinie 4 bis Ses Illetes, von dort eine knappe Viertelstunde zu Fuß | **Öffnungszeiten** täglich 13–16 und 19–22 Uhr, online reservieren

53_ The Blue Bar
Rundumschlag mit Aussicht

Chiringuitas werden die Strandkioske genannt, die kleinen Strandbars – oder wie es im Deutschen so unschön heißt: die Imbissstände. Aus einem solchen ging die Blue Bar in Palmanova hervor, auch wenn man davon so gar nichts mehr ahnt. Palmanova ist eine Planstadt in der Bucht von Palma, kaum 15 Kilometer von der Kathedrale entfernt. Planstadt deswegen, weil man die flachen Sandstrände von Son Maties, Na Nadala und Es Carregado nutzte, um ab Ende der 1960er Jahre dort Ferienanlagen und Wohnquartiere zu errichten.

Zu den Anfangszeiten der Bar Azul um 1980 stand mit María Luisa Forteza eine Frau hinter der Bar, damals noch äußerst ungewöhnlich! Inzwischen führt Carlos Muñoz-Delgado Forteza das Restaurant in zweiter Generation. Und zwar von März bis Oktober, denn im Prinzip gibt es nur eine loungeartige, überdachte riesige Terrasse – und zwar genau oberhalb des Sandes von Son Maties. Oleander, Paradiesvogelblumen, Fächerpalmen, Flechtlampen und Korbstühle und dazu der omnipräsente Blick aufs Meer: Die Blaue Bar erfüllt sämtliche Mittelmeerklischees so perfekt, dass sie Jahr für Jahr Stammkunden anzieht und inzwischen auch deren Nachkommen.

Die Küche gibt sich spezialisiert auf mediterrane Speisen, serviert aber einen Rundumschlag, der sämtliche Publikumspräferenzen zu bedienen trachtet: von Sushi über Wolfsbarsch im Salzmantel bis zu Burger und Paella. All das grundsolide bis erstaunlich gut und vor allem ansprechend präsentiert. Und ehrlich gesagt: Man isst hier ja wegen der Aussicht, des Ambientes und der Auswahl, oder etwa nicht? Es ist eine Leistung an sich, über 40 Jahre lang Kunden zu halten, neue zu gewinnen und derweil einen kleine Strandbar zu *der* Location in Palmanova schlechthin auszubauen. Wenn man überdies noch die Auswahl, die man bietet, nicht nur im Griff hat, sondern verlässlich an die Tische zu bringen weiß: Respekt, auf die nächsten 40 Jahre!

Adresse Carrer Martín Ros García 6, 07181 Torrenova, www.thebluebarmallorca.com, Tel. +34/971104833 | **ÖPNV** mit der Buslinie 104 bis zur Haltestelle Platja De Son Maties, von dort 6 Minuten zu Fuß | **Öffnungszeiten** April–Okt. täglich 12.30–2 Uhr

BANYALBUFAR

54 Son Borguny
Klein, aber fein

Banyalbufar ist ein verschlafen-malerisches Dorf an der Steilküste Nordwestmallorcas und berühmt für seine terrassenförmigen Weinberge, die sich steil bis zum Meer hinabziehen. Mitten im Ortskern befindet sich das romantische Boutiquehotel Son Borguny in einem Natursteinhaus aus dem 15. Jahrhundert. Mit nur zehn Gästezimmern bleibt es ein Refugium für Ruhesuchende – und auch das hauseigene Restaurant bewahrt diese intime Atmosphäre. Die Restaurantküche folgt dem Geist des Ortes: Mediterrane Aromen verschmelzen hier mit modernen Einflüssen zu einer kreativen Fusionsküche. Seebrasse, Tintenfisch und zartes Rindfleisch stehen auf der Speisekarte, ebenso wie raffinierte Desserts – von überraschenden Eiskreationen bis zum cremigen Käsekuchen. Dazu passt ein Glas mallorquinischer Wein, etwa der berühmte Malvasier von vor Ort oder die hausgemachte Sangria. Wer über Letzteres die Nase rümpft, ist falsch informiert. Gerade an warmen Sommerabenden ist das fruchtige Mischgetränk eine perfekte Wahl, gesetzt es wurden keine Spirituosen hinzugefügt. Serviert wird auf einer charmanten Terrasse direkt vor dem Natursteinbau. Gerade weil die Küche klein und die Plätze begrenzt sind, geht man hier gern auf die Wünsche von Vegetariern, Veganern oder Gästen mit Glutenunverträglichkeit ein.

Banyalbufar ist eine maurische Siedlung, der Name bedeutet »am Meer erbaut«. Die Mauren haben auch die Hänge urbar gemacht und terrassiert sowie Zisternen und Wasserversorgung eingerichtet. Lange war Banyalbufar für Weinbauerzeugnisse berühmt, dem Weißwein aus der Malvasierrebe wurde lebensverlängernde Wirkung zugesprochen. Dann kam die Reblaus und machte dem Weinbau ein Ende. Banyalbufar sattelte auf Gemüseanbau um, die Terrassen wurden neu genutzt. Seit Ende der 1990er Jahre aber kehrt die Rebe zurück. Eine Gruppe Wein-Enthusiasten hat sie gerettet und bepflanzt die alten Terrassen neu.

Adresse Carrer Borguny 1, 07191 Banyalbufar, www.hotelsonborguny.com, Tel. +34/971148706 | **ÖPNV** mit der Buslinie 202 von Palmas Intermodal in 55 Minuten bis ins Dorfzentrum, letzter Bus zurück um 21.30 Uhr | **Öffnungszeiten** täglich 19–23.30 Uhr, Küche schließt um 21.30 Uhr

55 Mesón La Villa
Entdeckung der Langsamkeit

Esporles ist ein charmantes, aber oft übersehenes Dorf in der Tramuntana – für viele Urlauber einst nur Durchfahrtsstation auf dem Weg zum berühmten Landgut La Granja oder nach Banyalbufar am Meer. Dabei hat der Ort einiges zu bieten: Eingebettet in eine malerische Talsenke entlang eines kleinen Flusses, versteckt er seine alten Häuserzeilen jedoch geschickt vor den neugierigen Blicken der Reisenden. Einzig der schattige Hauptplatz wird gern mal für eine Pause genutzt.

Der älteste Teil des Dorfes jedoch, die »Vila Vella«, liegt etwas abseits der platanenbestandenen Hauptstraße. Dort befindet sich auch das Mesón La Villa – ein gepflegtes, traditionelles Gasthaus, dessen Herz ein kastillanischer Rundofen ist. Dieser eignet sich aufgrund der Hitzeverteilung speziell für das langsame Garen von Fleisch, was wiederum die Tradition der innerspanischen Regionen Kastilien und Léon verlangt. Der Betreiber Felipe Alonso ist ein ausgebildeter »Asador«, ein Meister am Ofen und Perfektionist am Grill. Mehr noch: Seine Lämmer und Ferkel stammen ausschließlich aus seiner Heimat in Nordspanien, werden im zarten Alter von drei Wochen geschlachtet und in zwei bis zweieinhalb Stunden mit Eichenholz auf den Punkt gegart. Das Menü ist so überschaubar wie die etwa 50 Sitzplätze. Lamm und Spanferkel sind die Spezialitäten, dazu kommt zum Beispiel geschmorter Ochsenschwanz. Mehr geht in dieser Präzision, mit diesem Zeitaufwand und in der Qualität nicht. Dazu gibt es ein paar klassische Vorspeisen und einfache Desserts. Die Weinauswahl umfasst fast hundert ausschließlich spanische Tropfen zwischen 10 und 90 Euro.

Langer Rede, kurzer Sinn: Eines der besten, wenn nicht das beste Spanferkel auf der Insel, bekommt man in einem Dorf ab vom Schuss, im Ofen gegart von einem Meister vom Festland. La Villa ist allerdings absolut nichts für Vegetarier, für Fleischesser aber ein Traum! Auf nach Esporles!

Adresse Carrer Nou de Sant Pere 5, 07190 Esporles, www.mesonlavilla1985.com, Tel. +34/971610901 | ÖPNV mit der Buslinie 202 in gut 30 Minuten bis zur Haltestelle Esporles, von dort 4 Minuten zu Fuß | Öffnungszeiten täglich 13–15.30 Uhr, Fr und Sa zusätzlich 20–22 Uhr, Mi geschlossen

VALLDEMOSSA

56__Pastisseria Ca'n Molinas
Originaler wird's nicht

Der Mandelkuchen wird auf Mallorca oft schlicht als Kuchen, als Gató, bezeichnet, was auf seine weite Verbreitung hinweist. Sein Ursprung wird im Bergdorf Valldemossa vermutet, wo einst George Sand und Frédéric Chopin einen verregneten Winter verbrachten. Hartnäckig pflegt die dortige Pastisseria Ca'n Molinas den Mythos, nur dort sei der wahre, originale Mandelkuchen zu bekommen. Wobei es in Valldemossa zwei Filialen gibt: den ursprünglichen kleinen Bäckereiladen in der Carrer de la Rosa und das gleichnamige stark frequentierte Café an der Via Blanquerna. Beide sind überdies berühmt für die Coca de patata, ein Süßgebäck mit Kartoffelmehl. Ob das nun wirklich stimmt, dass die doch ziemlich simplen Gebäckarten dort besser sind als andernorts, muss jeder selbst herausfinden. Am besten früh am Tag, wenn Valldemossa noch nicht mit Ausflüglern geflutet ist.

Mallorca verdankt seine Mandelbaumplantagen der maurischen Zeit. Mandelbäume pflanzten die Insulaner anfangs bevorzugt in den Ausläufern der Serra de Tramuntana, während das fruchtbare Flachland für andere Kulturen reserviert blieb. Heute hüllt die Mandelblüte ab Januar die gesamte weite Ebene von Es Pla in einen weißen Schleier, und ab Spätsommer beginnt die Ernte.

Umfang und Bedeutung des Mandelanbaus zeigt sich auch in den Heizmethoden. Bis in die 1970er Jahre wurden die Haushalte in Palma noch mit Mandelschalen beheizt. Diese wurden in einer Messingpfanne, dem sogenannten Braser, zu Glut verbrannt und dann unter einen Tisch geschoben, der mit einer bis zum Boden reichenden dicken Decke bedeckt war. Auch in den Märchen der Insel spiegelt sich der Einfluss der Mandel wider. Die Mandelfee spielt eine Rolle, und mallorquinische Märchen enden nicht mit dem üblichen »Und wenn sie nicht gestorben sind…«, sondern mit »Und so setzten sie sich und aßen von den gebrannten Mandeln.«

Adresse Carrer de la Rosa 4, 07170 Valldemossa, Tel. +34/971616101 | **ÖPNV** mit der Buslinie 203 ab Palmas Intermodal in 35 Minuten bis zur Haltestelle Valldemossa, von dort 400 Meter zu Fuß | **Öffnungszeiten** täglich 9–11 Uhr

57 Fet a Sóller
Zitrusrevival

Im letzten Jahrhundert wurden Orangen aus der Kleinstadt Sóller vor allem nach Marseille verschifft, wo sie zunächst auf Handkarren verkauft wurden und später in eigenen Läden. Doch die günstige Konkurrenz vom Festland und der Einsatz von Herbiziden und Pestiziden führten dazu, dass der Handel immer schwieriger wurde. Glatt glänzende, säuerliche Orangenfrüchte aus dem Supermarkt verdrängten die Sóller-Orangen, und die Plantagen begannen zu verfallen. Irgendwann wurden die Früchte nicht einmal mehr geerntet und verrotteten am Baum.

Der Name Sóller leitet sich vom arabischen *suliar* ab, was so viel wie Sonnenmuschel oder Sonnental heißt. Dorthin zog es vor gut dreißig Jahren einen Deutschen, Franz Kraus, der irgendwann nicht mehr dabei zusehen mochte, wie das sogenannte Goldene Tal und der Orangenanbau verfielen. Kraus machte sich daran, das Erbe zu rekultivieren und, wichtiger noch, zu vermarkten. Mit Fet a Sóller – teils Kooperative, teils Vertriebsgesellschaft – hat er seitdem neue Strukturen und eine neue Perspektive geschaffen: den Direktverkauf. Durch die Aussicht, damit vernünftiges Geld zu verdienen, erfuhr die lokale traditionelle Landwirtschaft eine kleine Renaissance, und die Orangen sind in den Gassen von Sóller inzwischen omnipräsent als frisch gepresster Saft, als Kuchen oder als Sorbet. Und im Frühling als zarter Duft, der von den blühenden Bäumen aus durch die Straßen weht.

Längst hat sich der Wind gedreht, und artisanale Produkte kleiner Betriebe sind schon deswegen gefragt, weil sie zum einen aromatischer sind und zum anderen gesundheitlich unbedenklich. Fet a Sóller hat seine Produktpalette ausgeweitet, und im Ladengeschäft in Sóller bekommt man neben Zitrusfrüchten auch lokal produziertes Olivenöl, Feigenmarmelade, Meersalz und, und, und … Wer es nicht nach Sóller schaffen sollte, der kann auch online bestellen.

Adresse Avenida Cristobal Colom 17, 07100 Sóller, www.fetasoller.com/de, Tel. +34/971638839 | **ÖPNV** entweder mit der Buslinie 204 von Palmas Intermodal in 30 Minuten bis ins Zentrum oder mit der Nostalgiebahn Tren de Sóller in einer Stunde | **Öffnungszeiten** Mo–Sa 10–19 Uhr, So geschlossen

58 Can Benet
Mittendrin statt nur dabei

700 Einwohner, verwinkelte Gassen, Bruchsteinhäuser und zwischendrin steile Steintreppen. Weiße Einfassungen zieren Fenster und Türen, die Dächer sind traditionell mit Schindeln gedeckt. Das Dorf Fornalutx liegt auf 400 Metern im sogenannten Orangental jenseits von Sóller – an den Ausläufern des Puig Major, des mit 1.445 Metern höchsten Bergs der Insel. Ein Bergdorf ist Fornalutx dennoch nicht wirklich. Oleander, Olivenbäumchen und Hibiskus blühen an den Häusern, vereinzelte Palmen ergeben einen hübschen Kontrast mit den sandfarbenen Mauern. Bereits zweimal wurde Fornalutx zum schönsten Dorf Spaniens gewählt. Nicht der Tramuntana, nicht Mallorcas und auch nicht der Balearen. Sondern Spaniens, was etwas heißen will!

Das Can Benet liegt mittendrin, nahe der zentralen Plaça Espanya – wobei Can (oder auch Ca'n) übrigens schlicht die Kurzform von katalanisch »Casa d'en« ist: das Haus von xy. Die Chancen sind gut, das man das Haus der Benets von innen gar nicht sieht, denn fast die gesamte Gasse steht voller Tische und Stühle. Im Schatten übrigens, gut behütet von den Steinhäusern ringsum. Bodenständige Küche, Tapas und Bocadillos, moderate Preise, angenehme Atomsphäre und guter Service – mithin das Gegenteil einer Tourifalle und sicherlich der beste Ort, um in Fornalutx zu verweilen. Es lohnt sich, die Tapaskarte hinauf und hinunter zu bestellen, etwa drei pro Person sollte man ordern, dann kommt man auch mit ordentlich Hunger hin. Die Oliven mit Orangenfüllung sind ebenso hausgemacht wie die Limonaden.

Fornalutx liegt unterhalb der Bergstraße nach Sa Calobra – sinnvoller, auf dem Rückweg dort einzukehren, als in den gnadenlos überteuerten Restaurants am Torrent de Pareis zu essen. Vorsicht ist lediglich mit dem Wasser aus dem Brunnen an der Plaça Espanya geboten. Es heißt, wer davon trinkt, wird unweigerlich wiederkommen. Und die Einwohnerzahl von Fornalutx steigt …

Adresse Carrer de sa Plaça 3, 07109 Fornalutx, Insta: can.benet, Tel. +34/971638334 | **ÖPNV** jede Stunde in 15 Minuten von Sóller mit der Buslinie 232 | **Öffnungszeiten** täglich 11.30–23 Uhr

59 Ritma
Der vogelfreie Chef

Das Ritma im malerischen Dörfchen Fornalutx trägt zwei Beinamen, die seine Identität auf wunderbare Weise widerspiegeln: »Terrace Restaurant« auf der einen Seite, was für sich spricht und die atemberaubende Aussicht und das kulinarische Erlebnis unter freiem Himmel betont. Auf der anderen Seite trägt es den Namen »Nomad Cuisine«, der tiefer geht und den spirituellen Kern des Konzepts von Ritma enthüllt. Nomadisch ist in erster Linie der Lebensstil von Küchenchef und Gründer Marcos Servera, einem spätberufenen Koch, dessen Weg nicht den üblichen Standards folgte. Servera, der seine berufliche Laufbahn zunächst im Musikgeschäft begann, entschied sich später, eine Ausbildung im Basque Culinary Center zu absolvieren, einer der renommiertesten Institutionen für Fine-Dining in Spanien.

Im Herzen des Baskenlandes also, das für seine präzise Küche und zahlreiche Sternerestaurants bekannt ist, bildete sich das Fundament seiner kulinarischen Philosophie. »Meine Gerichte tanzen zwischen den Aromen des Atlantiks und denen Mallorcas«, erklärt Servera, genauso wie er selbst als Privatkoch, Workshop-Geber, Eventausrichter und kulinarischer Berater auf vielen Hochzeiten tanzt. Zwar hat er einige Stationen in Restaurantküchen hinter sich, war aber clever genug, sich rechtzeitig selbstständig zu machen – um gerade kein Restaurant zu gründen, sondern vogelfrei zu werden. Deshalb ist die Küche auch nomadisch, sprich nicht an einen Ort und an Öffnungszeiten gebunden. Wer in den Genuss von Serveras Kochkunst kommen möchte, kann sich entweder in der Gruppe bei ihm in Fornalutx einbuchen, einen Event zu sich auf die Finca oder die Yacht bestellen, oder aber das regelmäßige »Ritma Festival« besuchen, wenn Servera und seine Küchenequipe in Fornalutx auftischen. Dann werden neueste Entwicklungen präsentiert und zu einem mehrgängigen Menü zusammengestellt – ja, durchaus ein Tanz!

Adresse Hotel Can Verdera, Carrer des Toros 1, 07109 Fornalutx, www.hotelcanverdera.com | **ÖPNV** jede Stunde in 15 Minuten von Sóller mit der Buslinie 232 | **Öffnungszeiten** nach Vereinbarung und im Sommer Mi–So 13–21 Uhr in dem Terrace Restaurant des Can Verdera

SA FORADADA

60 Restaurante Sa Foradada
Paella at its best

Die Paella in Sa Foradada ist schon deswegen die beste der Welt, weil man sie sich verdienen muss. Entweder mittels eines etwa 45-minütigen Fußmarsches hinunter zu Felsen und Bucht, oder aber durch eine Bootsfahrt von Sóller aus, was beides den Appetit anregt. Sa Foradada heißt sowohl der Ort an der Steilküste als auch das Restaurant, es liegt spektakulär. Der Name stammt von dem Lochfelsen, der weit ins Meer ragt.

Das ist aber nicht alles, denn Lidia Fernandez gart die Paella über Holzkohle. Das hat Folgen für Geschmack und Konsistenz, denn so und nur so entsteht die sogenannte Socarrat, eine Kruste am Pfannenboden, die aufgrund des Karamellisierens ungemein aromatisch ist. Über Holzkohle braucht die Paella länger als auf Gas oder Feuer, das lässt den Aromen gewissermaßen mehr Zeit, sich zu entfalten. Wählen kann man zwischen Meeresfrüchte- oder Gemüse-Paella sowie einer gemischten, ergänzt von Salaten, gegrilltem Fisch und Fleischgerichten sowie hausgemachten Desserts und weiteren Kleinigkeiten. Alles ehrlich und gut, aber die unschlagbare Paella bleibt ein Muss.

Lidias Eltern haben 1972 den Ort gepachtet und dann das urige Restaurant eröffnet, an dem sich bis heute nicht viel verändert hat. Auch wenn Sa Foradada ganz sicher eines der kulinarischen und atmosphärischen Highlights von Mallorca schlechthin ist, überlaufen ist es schon deswegen nicht, weil es so ablegen ist. Sa Foradada gehörte samt dem Hauptsitz Son Marroig zum Anwesen des Erzherzogs Ludwig Salvator, der auch zu seinem persönlichen Vergnügen den Küstenpfad anlegen ließ – ein früher Aussteiger, der zwischen 1872 und 1901 das Küstengebiet zwischen Valldemossa und Deía aufkaufte und als »Fürstentum Miramar« bezeichnete. Mit Ausbruch des Ersten Weltkriegs musste er jedoch als österreichischer Adliger die Insel verlassen und starb ein Jahr später, ohne die Insel wiedergesehen zu haben.

Adresse Halbinsel Sa Foradada, www.restaurantesaforadada.com, Tel. +34/616087499 | **ÖPNV** mit der Buslinie 203 bis zur Haltestelle Sa Foradada, von dort an Parkplatz und dem Gut Son Marroig vorbei und auf dem anfangs noch asphaltieren, beschilderten Weg hinab | **Öffnungszeiten** April–Okt. täglich 12.30–16.30 Uhr, Do geschlossen

ESCORCA

61 Sa Calobra
Picknick ist Pflicht

Nun ausnahmsweise mal keine Restaurantempfehlung. Sondern der Aufruf, sich ausreichend zu essen und zu trinken mitzunehmen, sobald es die gewundene Straße hinunter nach Sa Calobra geht. Die kleine Bucht und der anliegende Schluchteinschnitt des Torrent de Pareis gehören sicherlich zum Spektakulärsten und Schönsten, was Mallorca zu bieten hat – und zum Abgelegensten. Letzteres machen sich die ansässigen Gastronomen zunutze, und zwar indem sie an der Preisschraube drehen. Schließlich hat man, sobald man dort einmal gelandet ist, keine Wahl mehr. Nun ist die vegetarisch belegtem Coca des Es Port gar nicht schlecht, aber pro handgroßem Stück einfach mal 7,50 Euro aufzurufen, ist doch allerhand. Auch auf ein Getränk auf der Terrasse sollte man außerhalb der Saison spekulieren, es ist sonst schlicht zu voll. Besser wird es auch bei der unmittelbaren Konkurrenz in der Bucht nicht, mit Glück bekommt man dort einigermaßen warme Pasta für über 10 Euro und wird unter Umständen sogar satt, aber auf sein Glück sollte man nicht vertrauen.

Sonnenklarer Fall: Nach Sa Calobra kommen nur Tagesbesucher, die aber so zahlreich, dass man dort auf wiederkehrende Gäste gar nicht angewiesen ist. Am besten also einen Bogen um die Gastronomie schlagen und sich gut ausgestattet mit Picknickausrüstung auf den kurzen Weg zum Torrent de Pareis machen und dort seine Zeit verbringen. Die Schlucht nennt zwar nur einen schmalen Strandabschnitt ihr eigen, weitet sich aber dahinter zu einer Art Kessel, der erst kilometerweit landeinwärts schmal und schwer zugänglich wird. Mit anderen Worten: Man findet dort auf jeden Fall ein lauschiges Plätzchen.

Wer sich den Spaß nicht verderben lassen und auf Einkehr nicht verzichten will, dem bleibt die kurze Fahrt hinüber in die (ebenfalls zauberhafte) Bucht Cala Tuent. Das dortige Es Vergeret ist seriös unterwegs und vergleichsweise günstig, der Blick auf das Meer unschlagbar.

Adresse 07315 Sa Calobra | **ÖPNV** Busverkehr nach Sa Calobra eingestellt, die Bucht daher nur mit Mietauto oder Taxi zu erreichen – alternativ per Ausflugsboot von Sóller aus | **Öffnungszeiten** April – Ende Okt. täglich 9 – 18 Uhr

62 Restaurante Orient
Pilgerstätte

Falls Sie den Begriff »Spanferkel« mit Holzspänen oder Spießen in Verbindung bringen: Fehlanzeige. Das Wort stammt vom altgermanischen »spenen«, also »säugen«. Ein Spanferkel ist demnach nichts anderes als ein junges, noch gesäugtes Schwein. Dass beim mallorquinischen Spanferkel dennoch Holz und Feuer eine Rolle spielen, liegt an der Zubereitung.

Das beste Spanferkel der Insel gibt's in Orient, sagen viele – genauer: im gleichnamigen Restaurant. Doch erwarten Sie kein Porc negre – das wäre unbezahlbar. Ein mallorquinisches Schwarzschwein kostet den Wirt das Dreifache eines normalen Ferkels, und am Ende würde eine Portion das Vier- bis Fünffache dessen kosten, was jemand bereit ist zu zahlen. Stattdessen setzt man im Orient auf bewährte Qualität aus Zuchtbetrieben vom Festland – und das schon seit Jahrzehnten.

Denn Spanferkel ist kein urmallorquinisches Gericht, sondern eine importierte Spezialität aus Zentralspanien, insbesondere aus Segovia. Dass es im Orient zur kulinarischen Institution wurde, ist Jaume Benàssar zu verdanken. Ende der 1960er Jahre arbeitete er als Kellner in Palma, wo ein Kollege ihm von den legendären Braten seiner Heimat vorschwärmte. Jaume wurde neugierig, forschte nach, sprach mit Züchtern und heiratete in eine Wirtsfamilie im verschlafenen Bergdorf Orient ein. Der perfekte Ort, um die Technik zu übernehmen und Spanferkel auf Mallorca zu etablieren.

Erst wird das Ferkel im Ofen langsam gegart, dann kommt es kurz auf den Holzkohlengrill. Zum Beweis der Zartheit zerschlägt der Wirt den Braten gern mal mit dem Tellerrand. Mallorquiner würden niemals eine Sauce über ihr Spanferkel kippen. »Der Geschmack ist im Fleisch«, lautet die knappe, aber unerschütterliche Antwort auf die Frage nach Sauce. Dafür gibt's Kartoffeln, die mit dem Braten im Ofen geschmort wurden und mit dem Fett die Aromen aufsaugen – völlig ausreichend.

Adresse Carretera Orient-Alaró 1, 07349 Orient, Tel. +34/971180241 | **ÖPNV** mit der Buslinie 331 ab der Station Alaró/Consell in 25 Minuten erreichbar | **Öffnungszeiten** täglich 10.30–18 Uhr, Mo geschlossen

63 — Es Verger
Pilgerstätte die Zweite

Noch eine Pilgerstätte, noch ein seit Jahrzehnten ebenso beliebtes wie abgelegenes, rustikales Ausflugsrestaurant. Das Es Verger ist offiziell für die ofengeschmorte Lammschulter berühmt. Alle wollen diese haben, seit 2012 ein britischer Fernsehkoch dort in die Kamera sagte, dies sei das beste Lammfleisch, das er je gegessen habe. Unbenommen, aber das heißt nun nicht, dass das *cabrit*, das geschmorte Zicklein, weniger zart oder weniger gut wäre. Allerdings sollte man nicht zu spät eintrudeln, das Lokal ist dermaßen beliebt, dass einige Gerichte nicht selten noch vor Küchenschluss aus sind.

In Deutschland wird kaum Ziegenfleisch konsumiert (Ziegenkäse hingegen schon) und wohl deswegen im Ausland mit Zurückhaltung reagiert. Auch, weil sich hartnäckig das Vorurteil hält, Ziegenfleisch würde irgendwie schlecht riechen. Dabei liefern Zicklein delikates Fleisch mit dezentem Wildaroma, das sich ähnlich unproblematisch zubereiten lässt wie Lamm. Mindestens 20.000 wilde Ziegen soll es in der Tramuntana geben. Bei der Mehrzahl handelt es sich um den Nachwuchs ausgewilderter Hausziegen. Als zahlreiche abgelegene Fincas verlassen wurden, weil sich die Landwirtschaft nicht mehr lohnte, hat man die Ziegen einfach freigelassen. Das Ergebnis ist desaströs für die Flora in der Tramuntana. Ziegen sind Allesfresser, vernichten die Bemühungen der Aufforstung, setzen den Steineichen zu und haben die mallorquinischen Eibenarten zum Aussterben gebracht. Kann man also ohne schlechtes Gewissen essen …

Die Anfahrt zum Es Verger ist ein kleines Abenteuer: Eine kurvenreiche, schmale Piste führt hinauf. Für weniger geübte Fahrer empfiehlt es sich, das Auto noch im Tal zu parken und den Aufstieg zu Fuß zu bewältigen. Oben angekommen, wird man mit einer atemberaubenden Aussicht und wahlweise dem besten Zicklein oder der besten Lammschulter belohnt, die man je gegessen hat.

Adresse Camino del Castillo de Alaró, 07340 Alaró, Facebook: EsVergeralaro, Tel. +34/971182126 | **ÖPNV** mit der Buslinie 342 ab Binissalem bis Alaró, von dort 4,5 Kilometer zu Fuß, indem man den Schildern zum Castell folgt | **Öffnungszeiten** Di–So 10–20 Uhr, Mo geschlossen

BINISSALEM

64 Es P'dal
Weinkehr

Weiß der Geier, warum sich das zweite prominent platzierte Restaurant Binissalems ebenfalls auf Pizzen kapriziert. Wahrscheinlich weil das Gewölbe am zentralen Passeig des Born einst eine simple Fußballkneipe war – mit Billardtisch. Heute atmet das Es P'dal die Luft eines frischen, modernen und unkomplizierten Bistros, das draußen fast die ganze Breite des Passeigs bespielt. Neben durchaus ungewöhnlichen Pizzakreationen gibt es Burger, Panades, Salate oder auch Nachos. Ein Rundumschlag also und alles sehr solide.

Mehr als solide ist die Weinauswahl – zum Großteil aus Mallorca beziehungsweise aus Binissalem selbst. Man sollte also im P'dal andersherum vorgehen und sich erst eine Flasche Wein aussuchen und dann etwas zu essen empfehlen lassen oder eine der Vorspeisenplatten wählen. Die Flaschenpreise sind äußerst moderat und liegen nur wenige Euro über dem normalen Wiederverkaufspreis, ein reiferer Jahrgang des Supernova – ein Rotwein aus 100 Prozent Mantonegra der ortsansässigen Ca'n Verdura – ist für unter 30 Euro zu haben, ein Schnäppchen, wenn man deutsche Gastropreise kennt.

Am besten also, man verbringt in der Gruppe dort einen ganzen Abend, steigt mit Weißwein und Meeresfrüchten ein und steigert sich zu reifem Roten und der exzellenten Käseauswahl. Dazwischen vielleicht Croquetes oder Pa amb Oli mit Pastrami! An Auswahl mangelt es nicht. Nur das mit der Pizza ist eine mittelprächtige Idee, Weißweine tun sich schwer, Rote sind meist zu mächtig. Was hingegen gut passt, ist ein Schaumwein, ein Cava! Der hat eine leichte Süßreserve und nimmt es daher mit Tomatensugo und zerschmolzenem Käse auf, beschwert aber nicht. Es P'dal kann damit dienen und hat den Mirgin Gran Reserva Brut Nature in der Halbflasche vorrätig! Kommt aus Katalonien und wurde im Champagnerverfahren ausgebaut. Der Weinpäpstin Jancis Robinson ist das Perlgetränk 17 von 20 Punkten wert.

Adresse Passeig des Born 8, 07350 Binissalem, Facebook: PdalBinissalem, Tel. +34/971511061 | **ÖPNV** von der Intermodal in Palma mit der Zuglinie T1 in 26 Minuten, zu Fuß in die Altstadt | **Öffnungszeiten** Di 18.30–23 Uhr, Mi–Sa zusätzlich 12.30–15 Uhr, So und Mo geschlossen

BINISSALEM

65 __ Volvér
La Dolce Pizza

Binissalem ist das Herzstück des mallorquinischen Weinbaus, eine Stadt mit langer Tradition und einer unverwechselbaren Identität. Wo sonst, wenn nicht hier, könnte ein Glas Rotwein besser schmecken? Mitten im historischen Zentrum, direkt an der imposanten Kirche Santa Maria de Robines, befindet sich ein Lokal, das diese Atmosphäre perfekt einfängt: die Trattoria Pizzeria Volvér. Gar nicht so leicht, daran vorbeizukommen, denn Restaurants gibt es in dem kleinen, historischen Städtchen weit weniger als man denkt. Die touristische Entwicklung der letzten Jahrzehnte ging an Binissalem trotz der Nähe zu Palma weitgehend vorbei, und die Gässchen mit Natursteinhäusern ziehen lediglich Tagesgäste an, die meist mindestens eine der örtlichen Bodegas besuchen.

Wer stattdessen aber durch die alten Gassen Binissalems schlendert, wird von der entspannten Piazza-Stimmung der Trattoria magisch angezogen. Am Hauptportal der Kirche verweisen zwei steinerne Statuen auf die Tradition der Weinbereitung – hinter dem Kirchenschiff ist es die Außenbestuhlung des Volvér, wo die jahrhundertealte Kunst der Weinvernichtung mit Hingabe gepflegt wird. Hier sitzt man unter freiem Himmel, unmittelbar an der Flanke des imposanten Gotteshauses, während das Leben der Kleinstadt einen umspült. Drinnen erwartet die Gäste eine warme, rustikale Einrichtung mit mediterranem Flair – unkompliziert, aber mit Charakter. Frische Zutaten, hausgemachte Pasta und knusprige Holzofenpizzen bestimmen die Karte. Klassiker wie eine perfekt gebackene Margherita oder eine reich belegte Quattro Stagioni stehen genauso auf dem Menü wie raffinierte Variationen mit saisonalen Spezialitäten. Ähnliches gilt für die hervorragende Pasta. Dazu gibt es eine gute Auswahl an Weinen, offen oder flaschenweise – jedoch nur wenige aus Binissalem selbst. Aber was soll's, zur Pizza passt Bier doch eh am besten!

Adresse Carrer Església, Plaça 20, 07350 Binissalem, www.volver-restaurant.eatbu.com, Tel. +34/871251034 | **ÖPNV** von der Intermodal in Palma mit der Zuglinie T1 in 26 Minuten, zu Fuß in die Altstadt | **Öffnungszeiten** Mi geschlossen, sonst 18.45–22.30 Uhr, Sa und So 13–16.30 und 18.30–22.30 Uhr

66_ Can Company
Vom schwarzen Schwein

Es gibt kaum ein Tier, das enger mit der mallorquinischen Esskultur verwoben ist als das Porc negre – das schwarze Schwein. Einst in jedem Bauernhaushalt vertreten, später beinahe verdrängt, erlebt es heute ein furioses Comeback. Und das verdankt es unter anderem einem Mann namens Tomeu Torrens. Dessen Unternehmen Can Company steht heute für die Wiederbelebung der jahrhundertealten Tradition, der Schweinehaltung auf freiem Feld.

Mit rund 1.200 Porc negre auf der Weide ist Can Company einer der größten Züchter der Insel – und einer der wenigen, die sich voll und ganz der mallorquinischen Rasse verschrieben haben. Richtig gelesen: auf der Weide! Die Tiere leben auf weitläufigen Flächen, bekommt Gerste, Feigen (!) und Johannisbrot zu essen – was halt so im Überfluss wächst auf der Insel. Also kein Kraftfutter, kein Schnellmastprogramm, keine Eile sondern poc a poc reift eine unvergleichliche Fleischqualität. Die artgerechte Haltung schmeckt und sieht man.

Can Company produziert selbst nicht nur Sobrasada, sondern auch die luftgetrocknete Butifarró oder Camaoit. Allesamt mit dem Fleisch des Porc negre. Bei Can Company wird nach alten Rezepten gearbeitet, mit modernen Mitteln – transparent, nachhaltig, kompromisslos. Kein Wunder, dass die Produkte nicht nur auf Märkten und in den Regalen der Insel zu finden sind, sondern längst ihren Weg bis nach Deutschland, Frankreich oder sogar Japan gefunden haben. Berühmt ist das Unternehmen auch für seine Spanferkel, die sonst vom Festland importiert wurden.

Die Produktion und der Direktverkauf sind in Inca, bei Maria de la Salut wird Getreide angebaut und verarbeitet – auch als Zufutter für die Zucht. Man muss aber nicht unbedingt bis Inca oder umständlich nach den Produkten von Can Company suchen, weil das Unternehmen einen unkomplizierten, inselweiten Lieferservice unterhält – auch ins Hotel.

Adresse Carrer des Sastre 9, Gebäude Nr. 12, 07300 Inca, www.cancompany.es |
ÖPNV mit den Zuglinien T 2 und T 3 ab Palma in 35 Minuten, 7 Minuten zu Fuß |
Öffnungszeiten Mo – Fr 8 – 15 Uhr

67 — Celler Ca'n Ripoll
Unverfälscht

Inca gehört zu den Städten in Mallorcas Inland, wo die Gastronomie nicht vom Tidenhub der Touristen abhängt, sondern von der Zustimmung der Locals. Deshalb werden hier Traditionen hochgehalten, die andernorts unter dem Druck von Kompromiss, Massengeschmack und Spaghetti Bolognese stehen. Inca ist das wirtschaftliche Herz des Inselinneren. Der Wochenmarkt am Donnerstag zieht Besucher von überall an, doch abseits davon zeigt sich die Stadt bodenständig, lebendig und erstaunlich untouristisch. Zwischen alten Kellern, Werkstätten und Plaças pulsiert hier das echte, unverfälschte Mallorca.

Wissen Sie was eine »blinde Paella« ist? Im Celler Ca'n Ripol finden Sie es heraus: Die Paella kommt ohne Knochen und ohne Schalen etwaigen Meerestiers – Sie können also blind mit der Gabel hineinfahren.

Das monumentale Kellergewölbe stammt von 1768, diente der Weinlagerung und zahlreiche mannshohe Fässer zeugen heute noch davon. Erst füllten hier Arbeiter ihre Weinkrüge auf, dann begann man ab Mitte der 1940er Jahre auch einfache Gerichte zu servieren, das gesamte Gebäude steht heute unter Denkmalschutz. Und man möchte meinen, die Gerichte auch. Wo die Gäste überwiegend aus Mallorca selbst sind, dort erübrigt sich jeder weitere einordnende Kommentar zu Frito Mallorquin, Spanferkel, »schmutzigem Reis« oder Bacalau (Stockfisch) auf Sobrasada. Klassischer geht es kaum, und zu den Klassikern im Sinne von Insellieblingen gehört auch das Cordon Bleu. Im Fränkischen würde so eine Veranstaltung Wirts- oder Gasthaus heißen, und es wäre klar, dass bei aller scheinbaren Einfachheit der Gerichte Qualität und Aromentiefe gewahrt bleiben und sich die Karte in hundert Jahren nicht ändert – höchstens saisonal leicht variiert.

Im Sommer kann man im Innenhof speisen, aber dann verpasst man die Atmosphäre des Kellergewölbes. Unbedingt empfehlenswert ist das Mittagsmenü mit Vor- und Hauptspeise sowie Nachtisch.

Adresse Carrer de Jaume Armengol 4, 07300 Inca, www.restaurantcanripoll.com, Tel. +34/971500024 | **ÖPNV** mit den Zuglinien T2 und T3 ab Palma in 35 Minuten, 600 Meter zu Fuß | **Öffnungszeiten** Mo–Sa 13–15.45 und 19.30–23 Uhr, So 13–15.45 Uhr

68_ Greixoneras
Ohne geht nicht

Kein anderes Utensil ist für die häusliche Küche auf Mallorca so wichtig wie die tönernen Greixoneras. Ob groß oder klein, sie sind viel mehr als nur hübsche Auflaufformen oder Servierschalen – sie sind die wahren Stars der traditionellen Zubereitung! Allerdings funktionieren sie nur im Ofen, auf offenem Feuer oder auf einem Gasherd.

Egal ob Frito mallorquín, Reisgerichte oder Linseneintopf: Wer einmal aus der Greixonera gegessen hat, weiß, dass Edelstahlkochtöpfe da nicht mithalten können. Der Grund ist die Hitzeverteilung und die Zutat Zeit, Kochen mit der Greixonera dauert länger und produziert ein tieferes Aromenprofil. Wobei die runden Tonschalen die Gerichte anschließend auch länger warmhalten. Eine Universalwaffe also: Schmoren, Kochen, Warmhalten, Servieren. Dem einst in jedem deutschen Haushalt präsenten Römertopf nicht ganz unähnlich, aber weniger rustikal und zudem stets glasiert. Wobei auch die Greixonera römische Ursprünge haben soll.

Greixoneras gibt's auf den Wochenmärkten direkt beim Töpfer und sie kosten je nach Durchmesser zwischen etwa 10 und 40 Euro – zum Beispiel auf dem riesigen Wochenmarkt von Inca. 500 Stände belegen dort donnerstags das gesamte Zentrum zwischen Bahnhof und Plaça Major. Die kleineren Versionen eignen sich als schmuckes Essgeschirr für beispielsweise Suppen, Beilagen oder Salate. Vor dem ersten Einsatz sollten sie allerdings eingebrannt werden, also einmal mit Zwiebel- oder Gemüseschnitzen so richtig heiß werden.

Und was wäre die mallorquinische Küche ohne Holzlöffel und -gabeln? Einst das Besteck derer, die sich kein Metall leisten konnten, heute einfach Kult. Kochen mit Holz ist nicht nur schonender für beschichtete Töpfe und Pfannen, es sieht auch super aus. Die besten Stücke sind aus Oliven- oder Zitrusholz – denn die sind nicht nur stabil, sie weichen auch nicht auf und splittern weniger.

Adresse Plaça Major, 07300 Inca | **ÖPNV** mit der Zuglinie T1 nach Inca und direkt zum Markt | **Öffnungszeiten** Do 8–circa 13.30 Uhr

69 Quely
Brotersatz aus Inca

Sie sehen nicht nach viel aus. Eher schlicht, ziemlich trocken, ein bisschen wie Zwieback. Aber wehe, man vergisst sie: Galletes d'Inca, Mallorcas Kult-Keks und heimlicher Grundpfeiler jeder Speisekammer auf der Insel – und zwar nicht nur in der rustikalen Finca-Küche, sondern auch im modernen Stadtloft, beim Picknick am Strand oder als leicht salziger Notfall-Snack auf dem Schreibtisch. Die Krümmelkekse werden im Gegensatz zu französischen Galletes nicht mit Butter und Zucker gefertigt, sondern mit Olivenöl und Salz.

Produziert werden sie im Herzen der Insel, in Inca. Genauer gesagt bei Quely, einem Unternehmen, das auf eine Geschichte zurückblickt, die wie das Rezept selbst einfach, aber charmant ist. Die erste Produktion startete in einer kleinen Bäckerei namens Ca'n Guixe. Heute steht dort ein ausgewachsenes Keks-Imperium. Der Kosename »Quelitas« geht übrigens *nicht* auf irgendein katalanisches Diminutiv zurück, sondern auf die Leidenschaft des Gründers für Grace Kelly. Kein Witz. Seine Frau war Fan – und er wiederum ein Fan seiner Frau. So einfach ist Keksgeschichte manchmal.

Die Galletes d'Inca waren ursprünglich als Brotersatz für Seefahrer gedacht – praktisch, lange haltbar und vor allem universell einsetzbar. Und daran hat sich bis heute wenig geändert. Frühstück, Mittag, Abendbrot – oder einfach so zwischendurch: Mallorquiner greifen reflexartig zur Keksdose. Sie können die Ölkekse dippen, belegen, einreiben, zerbröseln oder pur knabbern. Mit Tomate, Olivenöl, Käse oder ganz oldschool mit Marmelade. Es gibt inzwischen sogar Vollkorn-, salzarme oder glutenfreie Varianten – aber mal ehrlich: Die klassischen Quelitas sind durch nichts zu ersetzen.

Inca kann stolz sein auf diese unaufgeregte Delikatesse – sie ist vielleicht nicht hip, aber dafür heimatlich. Und wenn man Mallorquiner fragt, wozu man Galletes isst, kommt stets die gleiche Antwort: »Zu allem!«

Adresse Carrer de la Balanguera 1, 07300 Inca, www.quely.es | ÖPNV mit den Zuglinien T 2 und T 3 ab Palma in 35 Min, nur 200 Meter vom Bahnhof | Öffnungszeiten Mo–Fr 8–15 Uhr, auch in Supermärkten wie Eroski erhältlich

SELVA

70__Miceli
Preisverdächtig

Die Atmosphäre ist unschlagbar: Das beliebte, familiengeführte Restaurant residiert in einem alten Herrenhaus, die Küche ist offen, es gibt ein elegantes Speisezimmer oder die teilweise verglaste Terrasse, von der sich der Blick über die Landschaft öffnet. Das Menü im Miceli hängt vom Angebot des lokalen Marktes ab und wechselt daher täglich. So einfach ist das. Was tagesaktuell auf den Tisch kommt, kann bei Reservierung keiner wissen. Und reservieren muss man, denn die Köchin Marga Coll kocht nur im Sommer, nur abends und nur innerhalb der Woche. Die Gäste haben dabei die Wahl zwischen fünf und sieben Gängen oder aber einzelnen Gerichten. Klingt exklusiv? Ist es auch, aber nicht im Sinne von snobistisch, sondern was den hohen Anspruch und die Begrenztheit der Plätze betrifft.

Der Name des Restaurants bezieht sich übrigens auf Pilzmyzeln – jene filigrane Pilzfäden, die im Untergrund oder auf Oberflächen wachsen und Fruchtkörper ausbilden, die eigentlichen Pilze. Das Myzelgeflecht kann bei bestimmten Pilzsorten Quadratkilometer groß werden und biblisches Alter erreichen. Und das Miceli ist ähnlich organisiert, mit besten Verbindungen in die nähere Umgebung, wobei die Früchte dessen jeweils auf dem Teller landen. Gekocht wird dezidiert mallorquinisch, aber jenseits des klassischen Kanons.

Marga kauft ihre Zutaten ausschließlich in der näheren Umgebung ein – das Konzept heißt Nullkilometer und bedeutet, dass lediglich die Gäste eine Anreise hinter sich haben, nicht jedoch die Produkte. Sprich die Zutaten sind immer saisonal und lokal – auch wenn der örtliche Fischhändler seine Ware jetzt nicht aus der Tramuntana holt. Fleisch und Fisch sind Bestandteil eines jeden Menüs, aber auf Voranmeldung und Nachfrage hin kann dieses auch vegetarisch abgewandelt werden.

Dem Michelin ist das Miceli übrigens auch schon aufgefallen, sternewürdig wäre Marga Colls Küche allemal.

Adresse Carrer dels Àngels 11, 07313 Selva, www.miceli.es, Tel. +34/971873784 | **ÖPNV** ab Inca mit der Buslinie 313 bis Silva, dort 300 Meter zu Fuß | **Öffnungszeiten** täglich 13.30–15 und 20–22 Uhr, So Abend, Di und Mi geschlossen, Reservierung erforderlich

ALCÚDIA

71 Ca'n Pere
Look no further

Der Geräuschpegel im Innenhof, dem Patio, ähnelt der Berliner Simon-Dach-Straße während des Sonntagsbrunches. Wobei der Frühstücksbrunch im Hotel Ca'n Pere den Hotelgästen vorbehalten ist. Zum Mittag- und Abendessen jedoch öffnet das Restaurant auch für externe Gäste und stellt so etwas wie einen Geheimtipp dar – auch weil es kaum beworben wird. Die Sitzmöglichkeiten im Hof und auf der Veranda im ersten Stock sind begrenzt – wahrscheinlich braucht man keine Werbung, zumal man sich auf die Hotelgäste verlassen kann. Auch diese kehren nach Streifzügen durch Alcúdias Altstadt und dem Versuch fremdzugehen, regelmäßig reumütig ins Ca'n Pere zurück. Das Hotel lässt uns offiziell wissen, dass man »ein besseres kulinarisches Angebot in ganz Alcúdia kaum finden« wird. Will heißen: Viel Glück, wenn man es dennoch versucht!

Kreative Mittelmeer-Küche – das bedeutet, sich von traditionellen Zwängen zu lösen und beispielsweise ein leicht scharfes Thai-Curry mit auf die ansonsten mediterran geprägte Karte zu nehmen. Das Thunfischtatar schmilzt im Mund, Stichwort Sushi-Qualität, und mittags gibt es ein kleines, aber feines Drei-Gänge-Menü zum kompetitiven Preis. Die Karte bleibt bewusst übersichtlich. Vorspeisen, Pasta-, Fisch- und Fleischgerichte passen auf eine Doppelseite – ein Zeichen dafür, dass Frische und Saisonalität die Auswahl diktieren.

Die Tagesgerichte sollte man unbedingt in Erwägung ziehen, hier kann man nichts falsch machen. Je nach Saison gibt es Schwertfisch-Carpaccio, hausgemachte Ravioli oder perfekt gegrillten Iberico-Schweinenacken. Wer sich auf die Empfehlungen des Hauses einlässt, bekommt genau das, was Ca'n Pere ausmacht: ehrliche, geschmacklich ausgefeilte Küche, serviert in einer Atmosphäre, die entspannt und stilvoll zugleich ist. Was auch für die Innenräume gilt, wo farbenfrohe Sofas einen Kontrapunkt zu den Natursteinwänden setzen.

Adresse Carrer d'En Serra 12, 07400 Alcúdia, www.hotelcanpere.com, Tel. +34/971545243 |
ÖPNV 5 Minuten zu Fuß vom zentralen Busbahnhof Alcúdias (Centre historìc) |
Öffnungszeiten Innenhof nur im Sommer geöffnet, täglich circa 12–15 und 19–23 Uhr

ALCÚDIA

72 — Sa Mossegada
Ruhepol an der Stadtmauer

Vorab: Unbedingt durch den bistroartigen Teil des Restaurants hindurchgehen und im Garten Platz nehmen. Denn dieser liegt direkt an der historischen Stadtmauer von Alcúdia und stiftet damit ein unvergleichliches Ambiente. Die Karte des Mossegada hingegen ist durchaus vergleichbar, unter anderem mit der des Bar-Restaurants s'Illot nordwestlich der Altstadt in der Bucht. Beide sind Teil der Restaurantkette »Essencia Mediterrana«, die sich mallorquinischen Küchentraditionen verschrieben hat und inselweit insgesamt sechs Restaurants betreibt. Das Menü ist fast identisch, wenngleich das Mossegada vom Management als das »kreativste« der ketteneigenen Unternehmungen belobigt wird. ... nur wisudennblus?

Wenngleich das Mossegada in der gefährlich-touristischen Altstadt positiv heraussticht, scheint das Versprechen einer hochkreativen Mittelmeerküche entweder etwas hochgegriffen oder schlicht verfehlt. Das Mossegada bietet vielmehr eine unkomplizierte, wenig erklärungsbedürftige, sehr solide Bistroküche – ideal für eine Einkehr vor oder nach dem Sightseeing, der großen kulinarischen Überraschungen jedoch absolut unverdächtig. Es sei denn, man findet Lachstartar, Veggieburger und Fish & Chips so ungewöhnlich, dass man die Tapaskarte samt Pimientos de Padrón glatt überliest. Das alles kommt so makellos wie erwartbar an den Tisch, die Ausgangsprodukte sind erster Qualität, sodass man sich wundert, warum das Marketing nicht die Kirche im Dorf und die Küche des Mossegada einfach machen lässt. Das macht diese nämlich einfach gut.

Alcúdia ist deswegen ein kulinarisch gefährliches Pflaster, weil es von Tagesgästen vereinnahmt wird, die schnell wieder weg sind und auch nicht wiederkommen, sodass man auf diese wenig Rücksicht nehmen muss. Das ist im Mossegada anders: weil die Räumlichkeiten einen Ruhepol im durchaus wuseligen Altstadtgewimmel bieten und weil man gern wiederkehrt.

Adresse Carrer d'En Serra 30, 07400 Alcúdia, www.essenciamediterrania.com, Tel. +34/971007014 | **ÖPNV** mit diversen Buslinien bis Alcúdia, zu Fuß keine 5 Minuten | **Öffnungszeiten** täglich 8.30–22.30 Uhr

PORT D'ALCÚDIA

73 Ca'n Matevet
Wermutstropfen

Noch in den 1950er und 1960er Jahren war es nach dem Sonntagsgottesdienst für viele Männer Tradition, auf einen Wermut in die Kneipe zu gehen – zur sogenannten Hora del Vermut. Das Getränk erlebt in den letzten Jahren eine bemerkenswerte Renaissance, was sich auch in der Vermutería Ca'n Matevet niederschlägt. Denn diese ist alles andere als ein verschlafenes Altherren-Lokal, sondern ein bemerkenswert lichtes, durch und durch modernes Restaurant in den Hallen des einstigen Fischmarkts – gleich gegenüber der Mole, von deren Aussichtspunkt man sowohl auf die Yachten als auch auf die Fischerboote und die Fährschiffe blickt.

Wermut ist ein mit Gewürzen und reinem Alkohol versetztes Getränk auf Weinbasis – namensgebend ist das leicht bittere Wermutkraut, das auch im Absinth eine Hauptrolle spielt. Er wird als Aperitif eingesetzt und ist Hauptbestandteil in einer Vielzahl an Cocktails, wie dem Negroni oder in Martinis. Wobei die Wermutauswahl nur ein Grund ist, das Ca'n Matevet zu besuchen und längst nicht der wichtigste. Manche sagen, dort würde die beste Meeresfrüchte-Paella ganz Mallorcas serviert – eine leicht verwegene Behauptung, die freilich voraussetzt, Sa Foradada noch nicht besucht zu haben. Superlative sind auf einer Insel, die auf verlässlich hohem kulinarischen Niveau operiert, sowieso mit großer Vorsicht zu genießen. Sagen wir es daher so: Ca'n Matevet ragt gleich vierfach aus der Phalanx der Hafenrestaurants heraus: Erstens aufgrund der Räumlichkeiten, zweitens wegen der zeitgemäß modernisierten, dennoch der Tradition verpflichteten Küche, drittens wegen des herausragenden Hausweins und der Wermutkollektion, sowie viertens, weil das Restaurant ganz knapp jenseits der Promenade liegt und hinter dieser steht wie ein Ausrufezeichen, das sagt: »Komm, mach noch ein paar Schritte mehr – hier wirst du glücklich.«

Adresse Carrer de Teodor Canet 8, 07400 Port d'Alcúdia, www.canmatevet.com, Tel. +34/644169573 | **ÖPNV** mit verschiedenen Buslinien bis zur Haltestelle Port d'Alcúdia, zu Fuß über die Promenade in 10 Minuten | **Öffnungszeiten** täglich 11.30–22.30 Uhr

74 Ca'n Punyetes
Traditionelle Tapas

Abseits der belebten Hafenpromenade von Port d'Alcúdia, wo sogenannte »Pusher« versuchen, Touristen in diverse Fischrestaurants zu lotsen, findet man in einer ruhigen Seitengasse das ebenso unaufgeregte Ca'n Punyetes. Seit Jahrzehnten serviert das Traditionslokal genau das, was man sich unter einer klassischen, bodenständigen Tapas-Bar vorstellt: kleine Teller, große Aromen und eine gesellige Atmosphäre, die irgendwo zwischen gediegenem Restaurant, Hafenkneipe und Familienbetrieb liegt.

Eine Menüfolge oder Gänge gibt es nicht. Bestellt wird hier nach Lust und Laune – oder besser gesagt je nach dem, wie viel Platz auf dem Tisch bleibt. Die Gambas al Ajillo kommen brutzelnd in der Tonschale, die hausgemachte Sobrasada ist genau so, wie sie sein muss: würzig, streichzart, ein wenig pikant. Klassiker wie Pimientos de Padrón, Albóndigas (Fleischbällchen in Tomatensauce), frittierte Tintenfischringe und eine perfekte Tortilla gehören zum Pflichtprogramm. Dazu gibt es frisches Brot mit Aioli – die hausgemachte, kompromisslos knoblauchlastige Variante.

Das Lokal selbst ist schlicht gehalten, mit quadratischen Tischen unter ausladenden Markisen, die das gesamte Gässchen überspannen. Das Gebäude selbst beherbergte noch in den 1950er Jahren eine kleine Schiffswerft. Nach deren Umzug wurden die Räumlichkeiten für verschiedene Gewerbe genutzt, darunter eine Werkstatt, ein Barbierbetrieb und ein Künstleratelier. Erst Ende der 1970er Jahre entstanden hier gastronomische Betriebe, und schließlich eröffnete in den späten 1980er Jahren das Ca'n Punyetes.

Wer auf Schäumchen, Deko-Türmchen und modern interpretierte Klassiker verzichten kann, bekommt im Ca'n Punyetes ehrliche spanisch-mallorquinische Tapas auf den Punkt und in bester Qualität. Kein Geheimtipp – aber eine der Adressen, auf die man ausweichen sollte, auch ohne gepusht zu werden.

Adresse Carrer de les Barques 1, 07400 Port d'Alcúdia, www.canpunyetesrestaurante.com, Tel. +34/971548352 | **ÖPNV** mit diversen Buslinien bis zur Station Port d'Alcúdia, 500 Meter zu Fuß über die Promenade | **Öffnungszeiten** täglich 12.30–15.30 und 18.30–23.30 Uhr, Di geschlossen

75 Namaste Himalaya
Dem Himalaya so nah

Der Himalaya liegt unweit der Promenade von Port d'Alcúdia … Er erstrahlt auf der Innenwand des Namaste-Restaurants als expressionistisches Wandgemälde. Dessen Selbstbezeichnung als bestes indisches Restaurant Alcúdias lassen wir unwidersprochen stehen, denn die unmittelbare Konkurrenz um die Ecke stellt das dar, was man in Gastronomiekreisen gern als »Bumsschuppen« bezeichnet, ein Laden, der maximal bestuhlt auf einen maximalen Ausstoß an Gerichten und maximale Gästefrequenz ausgerichtet ist. Zwar stehen auch die quadratischen Tische des Namaste eng an eng, aber die Fläche und damit die Gästezahl fällt viel bescheidener aus. Auch das ist ein Kriterium für Qualität, das inselweit gilt: Größe allein ist selten wirklich gut. Ins Namaste wird man auch nicht von Promotern hineinmanövriert, sondern sollte abends durchaus reservieren.

Natürlich macht das Namaste Konzessionen an den Massengeschmack, muss es ja auch. Aber auf der Karte finden sich zudem klassische Tandoorigerichte und weitere traditionelle Zubereitungsweisen wie Dhansaks, Kormas und Madras. Letzteres sind Curry-Gerichte, die wirklich scharf sind, also nichts für Anfänger und daher selten zu finden. Kormas wiederum gelten ebenfalls als Curry, fallen jedoch aufgrund der Joghurt-Nuss-Saucen wesentlich milder aus. Dhansaks wiederum werden mit Linsen gekocht und haben eine leicht säuerliche Note bei geringer Schärfe. Bei allen drei Varianten kann man zwischen Lamm, Hühnchen oder Riesengarnelen als Proteineinlage wählen, wobei es darüber hinaus an vegetarischen Wahlmöglichkeiten freilich nicht mangelt.

Das Namaste bietet über die Abwechslung von mediterraner Kost hinaus einen authentischen Ausflug in indische Gewürzwelten an, der die verbreiteten Standards mühelos schlägt. Deshalb fällt es ein bisschen schwer, hinterherzuschicken, dass das Restaurant zudem auch noch günstig ist.

Adresse Carrer dels Mariners 9, 07400 Port d'Alcúdia, www.indianfoodalcudia.com, Tel. +34/971946834 | **ÖPNV** mit verschiedenen Buslinien bis zur Haltestelle Port d'Alcúdia, zu Fuß über die Promenade in 10 Minuten | **Öffnungszeiten** täglich 12.30–23.30 Uhr, Mi geschlossen

76 Negre
Steak & Style mit Hafenblick

Hier sitzt man in der ersten Reihe. Direkt an der breiten Promenade von Port d'Alcúdia gelegen, bietet das Negre einen Panoramablick auf den Wald an schaukelnden Yachtmasten in der blauen Bucht. Die vorbeiziehenden Spaziergänger, die frische Brise, das Glitzern des Wassers – allein für das Setting lohnt sich der Besuch bereits. Doch es wäre nicht das Negre, wenn der Blick nicht auch auf dem Teller einiges zu bieten hätte.

Steaks sind hier die Hauptattraktion, und die Qualität spricht für sich. Von perfekt gereiftem Entrecôte bis zum butterzarten Filet Mignon wird hier mit Leidenschaft gegrillt. Die hauseigene Reifekammer sorgt für den perfekten Reifegrad, und die Dry-Aged-Varianten bekommen durch die lange Lagerung ein unverwechselbares Aroma. Das Negre als das beste Restaurant am Passeig Marítim zu bezeichnen, klingt vielleicht unvorsichtig, ist aber schon aufgrund der Qualität der Zutaten und dem des Service mehr als gerechtfertigt. Die Restaurants an der Promenade sind ansonsten zu großen Teilen eher billig unterwegs, zumindest was den Einkauf angeht.

Auch abseits des Grills gibt es einiges zu entdecken: Frische Meeresfrüchte, raffinierte Tapas-Kreationen und eine Auswahl an kreativen Beilagen machen das Negre zur ersten Wahl für alle, die mediterrane Küche mit einem modernen Twist lieben. Hausgemachte Trüffel-Pommes, ein cremiges Burrata-Tatar oder gegrilltes Gemüse mit mallorquinischem Olivenöl – alles mit viel Liebe zum Detail zubereitet.

Die Atmosphäre ist stilvoll, aber entspannt. Große Fensterfronten, ein schickes Interior mit dunklen Holztönen, Barbereich und sanftem Licht – das Negre schafft es, Eleganz und Lässigkeit unter einen Hut zu bringen. Die exzellente Weinkarte mit spanischen und internationalen Tropfen rundet das Erlebnis ab. Wer Lust auf ein hochwertiges Dinner mit maritimem Flair hat, ist hier genau richtig.

Adresse Passeig Marítim 2, 07400 Port d'Alcúdia, www.negrerestaurant.com, Tel. +34/971546488 | **ÖPNV** mit verschiedenen Buslinien bis zur Haltestelle Port d'Alcúdia, zu Fuß über die Promenade in 7 Minuten | **Öffnungszeiten** täglich 9–0 Uhr

77 _ Nisì
Versteckte Eleganz

Während an der Promenade von Port d'Alcúdia das Leben tost – eisschleckende Familien, Straßenmusiker, Grillduft aus Touristenlokalen –, liegt das Nisì in einer schmalen Seitenstraße, stellt sich quer zum Geschehen. Eine elegante Oase abseits des Trubels, halb Wohnzimmer, halb Loggia, mit fein eingedeckten Tischen, gedämpftem Licht und zeitgemäßem Geschirr. Man kommt hier nicht zufällig vorbei, man sucht das Nisì gezielt auf, und wer einen Platz will, sollte reservieren – die wenigen Tische sind begehrt. Die Küche zeigt sich mediterran, modern, ausgefuchst, aber nicht überladen. Die einzelnen Produkte sprechen für sich, Komposition und Präsentation beweisen Stil, zeugen aber nicht von übermäßigem Ego oder Prunksucht. Die Burrata mit karamellisierten Feigen, gerösteten Nüssen und einem Hauch Kräuteröl ist kein Showteller, sondern ein ausgewogenes, kleines Kunstwerk. Der fangfrische Wolfsbarsch auf Safranrisotto wird punktgenau gegart, mit einer Sauce, die eher unterstreicht als dominiert. Was auf den Teller kommt, ist reduziert auf das Wesentliche – nichts Überladenes, kein unnötiger Kitsch. Gekocht wird mit einer klaren Handschrift und saisonaler Logik. Mal gibt es zartes Iberico mit Granatapfel und Selleriepüree, mal Kalb mit Aprikosenjus. Besonders gut gelingt das Spiel mit süß und salzig, das man etwa beim Dessert wiederfindet – Ziegenkäsemousse mit Rosmarin-Honig und Pinienkernen, cremig und duftig zugleich.

Auch bei den Getränken wird nicht geklotzt, sondern kuratiert. Eine kleine, stimmige Weinkarte mit mallorquinischen Weingütern und gut ausgewählten spanischen Klassikern wird vom Personal souverän gehandhabt. Wer das Tagesmenü bestellt, bekommt einen kompakten Querschnitt durch die saisonale Küche des Hauses – kleine, gut komponierte Gänge. Ein Abend hier ist wie ein Spaziergang durch ein elegantes Viertel – leise, schön und ein bisschen exklusiv.

Adresse Carrer de Sant Joan 5, 07400 Port d'Alcúdia, www.nisibygiuseppe.com, Tel. +34/971310280 | **ÖPNV** mit verschiedenen Buslinien bis zur Haltestelle Port d'Alcúdia, zu Fuß über die Promenade in 10 Minuten | **Öffnungszeiten** täglich 19–23 Uhr, Mo geschlossen

PORT D'ALCÚDIA

78_ Bar Océano
Die Bar

Morgens, wenn die Hotelgäste noch ausschlafen und die Frühstücksbuffets erst beladen werden, ist die Bar Océano die Anlaufstelle der Locals. Ein schneller Kaffee, ein Stück Gebäck auf die Hand, ein kurzer Schwatz mit bekannten Gesichtern – so startet die arbeitende Bevölkerung Mallorcas in den Tag. Frühstücken wie ein Bettler, brunchen wie ein König und spät zu Abend essen wie ein Kaiser – eine mediterrane Formel, die vielleicht nicht für die Langlebigkeit der Mittelmeeranrainer verantwortlich ist, aber für deren Geselligkeit allemal. Gewiss, abends haut die Bar Océano Cocktails raus, versorgt marodierende Briten mit Biernachschub und tut so, als wäre sie eine x-beliebige Bar. Das ist sie nicht. Denn das Océano steht pars pro toto für *die* Bar – ganz so wie es noch im letzten Nest eine Bar gibt, welche *die* Bar darstellt. Es ist unverzichtbar, sich eine Bar zu suchen, die einem während des Mallorcaaufenthaltes *die* Bar ist. Der sollte man dann treu bleiben und möglichst täglich nach ihr sehen. Wie heißt es bei Nietzsche? »Ich liebe die kurzen Gewohnheiten und halte sie für das unschätzbare Mittel, viele Sachen und Zustände kennenzulernen.«

Im Océano lässt sich eine solche Gewohnheit gut einrichten, weil der Cortado exzellent ist. Dazu ein ebenfalls gutes Croissant und das Bettlerfrühstück ist komplett, wenngleich es auch Waffeln und Sandwiches gäbe, ja sogar Kuchen. Apropos Cortado: Weder Cappuccino noch Café con leche, noch solo (Espresso) ist die verbreitetste Darreichungsform von Kaffee. Es ist der Cortado, der, so wörtlich, Geschnittene. Mit einem Schuss Milch nämlich, der den strengen spanischen Röstungen die Bitterkeit nimmt. So ein Cortado ist flexibel, er lässt sich in zwei, drei Schlucken trinken oder eine Stunde lang auskosten. Was nicht flexibel ist, ist der Preis: der Cortado in *der* Bar darf maximal 1,50 Euro kosten! Sonst muss man weitersuchen.

Adresse Carrer dels Mariners 18, 07400 Port d'Alcúdia | **ÖPNV** mit verschiedenen Buslinien bis zur Haltestelle Port d'Alcúdia, zu Fuß über die Promenade in 5 Minuten | **Öffnungszeiten** täglich 7–22 Uhr

79 Patagonia
Frühstücksbomben

Spätaufsteher? Hotelfrühstück schon vorbei? … Kein Ding, Frühstück gibt's im Patagonia den ganzen Tag lang! Wobei hier die Rede von der Filiale am Hafen ist, das Stammhaus in der Via de Corneli Àtic ist wesentlich größer und dient abends als Eventlocation – auch nicht verkehrt, aber andere Vibes. Die Karte ist in beiden eine gelungene Mischung aus argentinischen Bocadillos sowie Tostadas und international angesagten Frühstücks- oder Brunchklassikern wie üppig belegten Avocado-Toasts, Croissants oder frischem Gebäck. Dazu kommen Smoothies, frisch gepresste Säfte und hausgemachte Limonaden. Das mit der argentinischen Provenienz fällt einem erst mal gar nicht auf, jedenfalls bis man die Empanadas mit verschiedenen Füllungen entdeckt hat, darunter Klassiker wie Rindfleisch oder Spinat. Ebenfalls als südamerikanisch zu betrachten sind die Portionsgrößen, gegeizt wird hier nicht! Bemerkenswert auch die Auswahl an »Bolleria« – was wohl am besten mit Teilchen übersetzt wird: Der nutellageladene Cañoncito (wörtlich Kanönchen) lässt sich wirklich nicht mehr im Milchkaffee dippen, zu flüssig und gesättigt das Ganze. Die Muffins, Donuts und Cookies steigern ebenfalls den Zuckerspiegel erheblich – weniger das Croissant mit Schinken und Käse, da ist der Ausgleich mit eingebaut. Apropos Milchkaffee: Wer nach längerer Abstinenz mal wieder einen guten und großen Latte genießen möchte, kommt ebenso auf seine Kosten wie Espressotrinker oder Cappuccinoliebhaber. Die Kaffeeauswahl ist umfassend, der Barista weiß, was er tut.

Mit einem Wort: Das Patagonia sorgt für ein bisschen Großstadtatmosphäre am Hafen von Alcúdia, wegen des stylischen Ambientes und der trendigen Auswahl. Was allerdings dabei so gar nicht mithält, ist das Preisniveau. Dieses ist erstaunlich moderat, um nicht zu sagen günstig. Mag sein, dass das Café auch deswegen reihenweise junge Leute anzieht.

Adresse Carrer de Teodor Canet 14, 07400 Port d'Alcúdia | **ÖPNV** mit verschiedenen Buslinien bis zur Haltestelle Port d'Alcúdia, zu Fuß über die Promenade in 10 Minuten | **Öffnungszeiten** täglich 8–23 Uhr, Mi und Do geschlossen

80 Polvorones
Kleine Krümelmonster

Polvorones sind die unangefochtenen Stars der Weihnachtszeit auf Mallorca – mürbe, scheinbar buttrige Kekse, die beim ersten Bissen unweigerlich zerbröseln und auf der Zunge zerschmelzen. Der Name kommt nicht von ungefähr. »Polvo« bedeutet Staub, und genauso zart sind diese traditionellen Süßigkeiten. Ihr feiner Geschmack nach gerösteten Mandeln, die nur leichte Süße und das buttrige Mundgefühl machen sie unwiderstehlich – und unglaublich bröselig.

Die Basis der mallorquinischen Polvorones ist simpel, doch die Kunst liegt im Detail: Mehl, Schweineschmalz, Zucker und gemahlene Mandeln. Manchmal gesellen sich Zimt, Zitronenabrieb oder Vanille dazu. Der Teig wird nicht geknetet, sondern nur vorsichtig vermengt, gerade so viel, dass er zusammenhält. Danach werden kleine, dicke Plätzchen ausgestochen und bei niedriger Temperatur im Ofen gebacken, bis sie gerade eben Farbe bekommen. Das Geheimnis liegt im Ruhenlassen – erst nach einigen Tagen entfalten die Polvorones ihr volles Aroma und erlangen ihre typisch sandige Konsistenz. Es ist Schmalz und nicht etwa Butter, der wie in der Ensaïmada für die Konsistenz und das Mundgefühl verantwortlich ist.

Auf Mallorca sind sie untrennbar mit der Adventszeit verbunden. Schon im November tauchen sie in den Bäckereien und auf den Märkten auf, oft in hübschen, rustikalen Päckchen verpackt, als Geschenk oder für den eigenen Vorrat. Kein mallorquinisches Weihnachtsfest ohne Polvorones – sie gehören einfach dazu, meist serviert mit Turrón und Mantecados, begleitet von einem Glas süßem Moscatel-Wein oder einem kräftigen *Café solo*.

Wer die Insel in der Nachsaison besucht, kann sich glücklich schätzen. Selbst in den Supermärkten türmen sich die Kekse in riesigen Selbstbedienungsstationen, wo man sich nach Lust und Laune durch verschiedene Sorten mischen und selbst abpacken kann – zu einem erstaunlich günstigen Preis.

Adresse zum Beispiel Eroski, Avinguda Reina Sofia, s/n, 07410 Port d'Alcúdia | **ÖPNV** mit verschiedenen Buslinien bis zur Haltestelle Port d'Alcúdia, zu Fuß 5 Minuten | **Öffnungszeiten** täglich 9–21 Uhr, Polvorones ab Anfang Nov.

SA POBLA

81 Bar Casa Miss
Schönheitspreis!

Jeden Sonntag verwandelt sich Sa Pobla in einen ungemein geschäftigen Treffpunkt für Einheimische und Besucher, wenn der Wochenmarkt auf der Plaça de la Constitució nur so überquillt. Hier stapeln sich frisches Obst und Gemüse aus der Region, handgemachte Köstlichkeiten, Gewürze und traditionelles Kunsthandwerk. Die Bauern aus der Umgebung bieten ihre Produkte direkt an, während sich in den Cafés am Platz die Marktbesucher zum Plausch treffen. Genau dort liegt ein Lokal, das seit über 50 Jahren fester Bestandteil des Kleinstadtlebens ist, die Bar Casa Miss. Seit der Eröffnung im Jahr 1967 hat sie sich als kulinarische und soziale Institution etabliert – insbesondere an den Markttagen platzt die Bar aus allen Nähten, ganze Familien kehren dort ein. Gegründet wurde das Lokal von Jaume Mir Serra und Apolònia Tugores, die es nach ihrer Tochter Magdalena benannten – die 1966 zur Miss Mallorca gewählt wurde! Heute wird die Bar in zweiter Generation geführt, das Erbe bleibt also bewahrt.

Das kulinarische Markenzeichen von Casa Miss sind die »Variats« – gewissermaßen die mallorquinische Variante von Tapas, wobei eine Auswahl verschiedener Spezialitäten auf einen einzigen Teller kommt. Perfekt, um sich einen Überblick über die Küche der Miss zu verschaffen und gegebenenfalls gezielt nachzubestellen: von der zarten Rinderzunge, den herzhaften Kutteln oder dem Frit mariner, der mallorquinischen Meeresfrüchtepfanne. Ein besonderes Highlight ist die hauseigene, preisgekrönte »Miss Vermut«, die 2024 als bester Wermut der Balearen ausgezeichnet wurde. Doch die Speisekarte bietet weit mehr als nur Klassiker. Personalisierbare Gerichte, kreative vegane (!) Alternativen und eine abwechslungsreiche Auswahl an Pinchos sorgen dafür, dass jeder Geschmack auf seine Kosten kommt. Ob rustikale Tradition oder moderne Interpretationen – Casa Miss beweist, dass gute Küche zeitlos ist.

Adresse Plaça de la Constitució 3, 07420 Sa Pobla, www.barcasamiss.com, Tel. +34/971540023 | **ÖPNV** mit der Zuglinie T2 bis Sa Pobla, zu Fuß 10 Minuten | **Öffnungszeiten** Mo 8–13 Uhr, Di geschlossen, Mi 8–14.30 und 18–23.30 Uhr, Do und Fr 8–15 Uhr, 18–23.30, Sa bis 0 Uhr, So 7–14 Uhr und 18–22 Uhr

PLAYA DE MURO

82 Fusion19
Weltoffenes Fine Dining

In Playa de Muro, nur einen Steinwurf vom bekannten Sandstrand entfernt, hebt sich das Fusion19 deutlich von den üblichen Touristenrestaurants der Küste ab. Wer hier einkehrt, bekommt gehobene Kreativküche, die sich auf ein außergewöhnliches Fine-Dining-Erlebnis konzentriert und seit Jahren mit einem Michelin-Stern dekoriert ist. Der Name ist Programm: eine Fusion aus mediterranen Zutaten, asiatischen Techniken und innovativen Ideen wird geboten.

Das Restaurant arbeitet mit einem Degustationsmenü, das saisonal wechselt und je nach Jahreszeit aus zehn oder mehr Gängen besteht. Das junge Küchenteam setzt dabei auf lokale Produkte (teils sogar aus eigenem Anbau) und kombiniert diese mit Zubereitungstechniken aus Japan, Peru oder Skandinavien. Das bedeutet Rote-Garnele-Tatar mit Yuzu-Vinaigrette, butterzartes Wagyu-Beef mit schwarzem Knoblauch oder ein süßes Finale aus Matcha-Mousse und Passionsfrucht. Die Gerichte sind kunstvoll angerichtet, jedes Detail sitzt – vom hausgemachten Brot bis zum perfekt abgestimmten Weinpairing.

Das Interieur ist modern und elegant, die Atmosphäre entspannt – gehoben, aber ohne steifen Luxus. Dazu kommt ein aufmerksamer Service, der sich unaufdringlich um das Wohl der Gäste kümmert. Ein Platz am offenen Küchenpass gibt den besten Blick auf das, was hier zelebriert wird: Handwerk, Präzision, Leidenschaft. Eine Reservierung ist zwingend nötig, denn die Plätze sind begrenzt und die Abende häufig auf Wochen hinaus ausgebucht. Wer neugierig auf zeitgemäße Sterneküche mit mallorquinischer Seele ist, findet hier eine der spannendsten Anlaufstellen der Insel.

Wem all das zu viel Chichi oder schlicht zu teuer ist, der weicht einfach auf das Gaikan aus – die angeschlossene, zwanglose aber ebenfalls exzellente Gastrobar, die asiatische Finesse mit mediterraner Üppigkeit paart und unter anderem erstklassiges Sushi serviert.

Adresse Avenida de s'Albufera 23, 07458 Playa de Muro, www.fusion19.com, reservas@fusion19.com, Tel. +34/971894259 | **ÖPNV** mit verschiedenen Buslinien bis zur Haltestelle Los Troncos in Can Picafort | **Öffnungszeiten** täglich 19–0 Uhr, Sa und So Mittagsmenü 13.15–16.15, saisonal veränderliche Ruhetage

83_ Celler de Can Font
Bombenaroma

Immer wenn es in den Keller geht, wird es garantiert schmutzig. So auch in Sineu im Celler de Can Font. Seit 2021 unter neuer Leitung, knüpft er an jahrhundertealte Traditionen an und serviert Klassiker der mallorquinischen Küche ohne Schnickschnack. Mitten im Herzen des Ortes, direkt am belebten Dorfplatz, spürt man hier noch das alte Mallorca – und bekommt einen der besten Arrós Brut der Insel.

Der Name steht für »schmutziger Reis« und rührt von der dunklen, würzigen Brühe, in der er schmort. Eine bunte Mischung aus Fleisch – Schwein, Kaninchen, Geflügel – und vor allem Blutwurst sorgt für das Aroma, während Bohnen, Erbsen und Tomaten für Frische sorgen. Gekocht wird das Ganze in der Greixonera, einem traditionellen Tontopf, der langsam die Hitze speichert und gleichmäßig abgibt. Reisgerichte sind im Mittelmeerraum keine Beilage, sondern eine Wissenschaft für sich. Anders als im Norden, wo das Kochwasser verschwenderisch abgegossen wird, bleibt auf Mallorca die ganze Stärke erhalten und die Reiskörner bersten vor den Aromen der verwendeten Brühe. Das ist das Prinzip von Paella, Risotto – und eben Arrós Brut. Verwendet wird übrigens meist der Rundreis »Arroz bomba«.

Arrós Brut ist eng mit der Tradition der Matanzas, der Hausschlachtungen, verbunden. Früher wurde er mit frischesten Zutaten direkt nach der Schlachtung zubereitet. Heute findet man ihn ganzjährig in den typischen Cellers – jenen rustikalen Weinkellern, die einst als Lagerstätten für Wein dienten, bevor sie zu Gasthäusern wurden. Dicke Steinmauern, kühle Temperaturen und jahrhundertealte Holzfässer prägen die Atmosphäre. Und wann immer eine Gastronomie sich Celler nennt, kann man sicher sein, dort traditionelle mallorquinische Küche zu finden – inklusive deren schmutziger Geheimnisse wie der Blutwurst im Arrós Brut. Muss man nicht lieben, sollte man aber probiert haben!

Adresse Sa Plaça 18, 07510 Sineu, www.canfontsineu.com, Tel. +34/971520313 | **ÖPNV** von Palma mit der Bahn in 40 Minuten, vom Bahnhof 7 Minuten zu Fuß | **Öffnungszeiten** täglich 19–23 Uhr, Mi, Fr und Sa zusätzlich 13–15.30, So geschlossen

SINEU

84 Molí d'en Pau
Autor in der Küche!

Windmühlen gehören zu Mallorca wie Salz in die Suppe – dass eine davon bei Sineu heute als kulinarischer Hotspot fungiert, ist dann aber doch etwas Besonderes. Die Molí d'en Pau dreht sich längst nicht mehr im Wind, sondern um verfeinerte mallorquinische Küche. In dem historischen Gebäude aus dem Jahr 1870 wird Tradition hochgehalten, aber keineswegs angestaubt serviert.

Küchenchef Pedro Riera kombiniert inseltypische Klassiker mit modernen Akzenten, während Gastgeber Juan José Caldentey charmant dafür sorgt, dass sich jeder Gast willkommen fühlt. Mit hundert von diesen nimmt es allein die Terrasse auf, der Gewölbesaal fasst noch einmal 120 – wobei sich im Sommer ohnehin alles draußen abspielt. Seit 1992 wird dort »Mallorquinische Autorenküche« serviert, wie es der Koch nennt – nein, Schriftsteller stehen keine am Herd, aber Riera drückt der mallorquinischen Tradition seinen eigenen Stempel auf, übernimmt die Autorenschaft. So kommt in sein Frito Mallorquín keine Spur von Innereien, sondern ausschließlich bestes Lammfleisch. Das macht das rustikale Gericht nicht nur feiner, sondern auch bekömmlicher und für Normalos zugänglich. Der Mandel-Gató bleibt dagegen klassisch, ist selbstverständlich hausgemacht und wird mit einer Kugel cremigen Mandeleises serviert.

Vegetarier bekommen hier keine Alibi-Angebote, sondern mit derselben Sorgfalt wie der Rest der Karte komponierte, durchdachte Hauptgänge. Und weil gutes Essen Generationen verbinden soll, gibt es auch ein Kindermenü – für Hähnchenschnitzel mit Pommes ist sich die Mühle nicht zu schade. Ein familienfreundlicher Gourmet-Treffpunkt also, und das zu moderaten Preisen. Verglichen mit so manchem Küstenrestaurant, das für geringere Qualität das Doppelte verlangt, lohnt sich die Fahrt nach Sineu allemal. Und das Ambiente einer alten Windmühle bekommt man schließlich auch nicht jeden Tag serviert.

Adresse Carrer de Santa Margalida 25, 07510 Sineu, www.molidenpau.es, Tel. +34/971855116 | **ÖPNV** mit der Zuglinie T3 von Palma in 47 Min, vom Bahnhof zur Mühle am Ortsausgang keine 10 Minuten zu Fuß | **Öffnungszeiten** Di, Fr und Sa 13–15.30 und 18.30–22.30 Uhr, Mi 12–15.15, So 13–15.30 Uhr, Mo und Do geschlossen

85 __ Es Celler
Tradition im Topf

Kohl spielt auf Mallorca eine größere Rolle, als man denkt – zumindest, wenn man weiß, wo man hinschauen muss. Während er in der modernen Gastronomie oft übersehen wird, bleibt er in den traditionellen Cellers eine feste Größe. Besonders in Inca, wo sich die Kellerrestaurants wie Perlen aneinanderreihen, hat er seinen Platz auf der Speisekarte tapfer behauptet – vor allem in Form der Sopes Mallorquines. Mit Suppe hat das Gericht aber wenig zu tun. Sopes bezeichnet vielmehr die dünn geschnittenen Brotscheiben des Vortags, die den Boden einer Greixonera auskleiden. Erst dann wird der heiße Kohleintopf darüber gegossen, sodass das Brot die Brühe aufsaugt und eine herzhafte, fast cremige Konsistenz entsteht. Sopes sind in der Alltagsküche so weit verbreitet, dass man sie sogar in der Bäckerei kaufen kann und gar nicht warten muss, bis man altbackenes Brot übrig hat.

Die Ursprünge der Sopes reichen weit zurück: Tagelöhner auf den Fincas brachten ihr eigenes altbackenes Brot mit, während die Gutsherren für die Einlagen sorgten – Gemüse, Brühe, vielleicht ein Stück Speck oder Schweineschmalz. So wurde aus wenigen Zutaten eine vollwertige Mahlzeit, die Energie für den langen Arbeitstag lieferte.

Heute ist der Kohleintopf kein Proviant mehr für Erntehelfer, sondern eine Spezialität der Cellers, und in Petra gibt es dafür kaum eine bessere Adresse als Es Celler – *den* Keller, weil es der Weinkeller der Stadt war. Das urige Kellerrestaurant ist seit Jahrzehnten eine Institution und serviert Sopes Mallorquines, wie sie sein sollen: bodenständig, kräftig und mit reichlich Kohl und Lauch – ganz genau so, wie es die mallorquinische Küche schon immer vorgesehen hat. Wobei als Gasthofgericht die Fleischeinlage aus Speck, Schweinfleisch und Rippchen recht üppig ausfällt. Vorsicht beim Bestellen: Auf der deutschsprachigen Speisekarte ist das Gericht in der Tat als »Suppe« verzeichnet.

Adresse Carrer Hospital 46, 07520 Petra, Tel. +34/971561056 | **ÖPNV** mit der Zuglinie T 3 bis Petra, vom Bahnhof 10 Minuten zu Fuß | **Öffnungszeiten** täglich 12–16 und 18–23.35 Uhr, Sa und So 12–0 Uhr, Mo geschlossen

86 La Bicicletta
Gelato und Kohlenhydrate

Artàs Zentrum besteht aus jener Fußpassage, die einmal quer durch die Altstadt und anschließend die Stufen hinauf zum Santuario de San Salvador führt – der erklärten Sehenswürdigkeit der kleinen Stadt. Insbesondere an heißen Sommertagen kann diese Strecke doch recht lang werden, sodass es unterwegs einer Erfrischung und einer Einkehr bedarf. Nun firmiert das La Bicicletta als Café und Pizzeria, was aber heraussticht, ist die Auswahl an Speiseeis. Der Betreiber ist nämlich Italiener und scheint italienische Basisrezepte oder eine Eismaschine mitimportiert zu haben, denn die ebenfalls italienische Begleitung des Autors zeigte sich beeindruckt – auch von der (im Vergleich zum gehypten Rivareno in Palma) noch moderaten Preisgestaltung. »Zum Glück haben wir das auf dem Hinweg entdeckt!«, sagte sie. »Dann können wir auf dem Rückweg gleich nochmals vorbei!«

Das Fahrradthema hält das teils im shabby-chic gestaltete Lokal mit richtig nettem Außenbereich äußerst konsequent durch, nicht nur in der Einrichtung, sondern sogar in der Namensgebung. »Pantani« heißt aus unerfindlichen Gründen der Bocadillo mit Serranoschinken, jener mit Kochschinken »Coppi« und der mit Lachs lautet auf dem Namen »Merckx«. »Lance« wiederum kombiniert Salami mit kräftig Butter und kommt ansonsten garantiert chemiefrei über den Tresen.

Teure Fahrräder lassen sich übrigens gleich in Sichtweite gut parkieren oder in die Träger einhängen – das Bicicletta ist also auch eine gute Etappenstation für den Kohlenhydratnachschub, wenn man mit dem Rennrad unterwegs ist. Als Radfahrer gehört man sicherlich zur zweitbeliebtesten Besuchsgruppe nach eisliebenden Italienerinnen!

Dienstags ist Markt in Artà, und zwar just in der Gasse, in der sich La Bicicletta befindet. Der Service ist dann zwar regelmäßig überfordert, aber das mindert nicht die exzellente Beobachtungsposition der Außenbestuhlung.

Adresse Calle Ciutat 2, 07570 Artà | **ÖPNV** mit diversen Buslinien bis Artà, zu Fuß in die Innenstadt | **Öffnungszeiten** täglich 10–18 Uhr

CALA RAJADA

87 El Cactus
Wiederkehr des Verdrängten

Manche Gerichte sind so gut, dass sie Jahrzehnte, nachdem sie auf der Karte standen, wieder aufgenommen werden – auch wenn sich drum herum alles geändert hat. El Cactus wurde im Winter 2024/25 von Grund auf renoviert und neu gestaltet. Das inzwischen von Deutschen geführte Traditionsrestaurant ist in einer ehemaligen Schule am Yachthafen beheimatet und setzt seit jeher auf eine Mischung aus mediterraner und internationaler Küche. Doch eines der spannendsten Comebacks auf der Karte ist nicht neu, sondern eine echte Legende: die feurige Garnelenpfanne.

Schon in den Anfangsjahren des El Cactus war dieses Gericht ein echter Geheimtipp unter Stammgästen. Die saftigen Garnelen, geschwenkt in einer würzigen Knoblauch-Chili-Sauce, verfeinert mit mallorquinischem Olivenöl und schwarzen Oliven, wurden über die Jahre zum Kultgericht. Doch irgendwann verschwand es von der Karte – bis jetzt. Mit viel Liebe zum Detail und nach Gesprächen mit ehemaligen Mitarbeitern wurde das Originalrezept inzwischen mühsam rekonstruiert und auf die Karte zurückbefördert. Das Ergebnis? Ein Geschmack, der Vergangenheit und Gegenwart perfekt verbindet.

Essen kann Erinnerungen wecken oder auch eine ganze Zeit wiederauferstehen lassen, und genau das tut dieses Gericht. Die Schärfe der Chilis, der kräftige Knoblauchgeschmack und das fruchtig-würzige Olivenöl ergeben eine Kombination, die noch im Urlaub nach Urlaub schmeckt. Serviert mit knusprigem Knoblauchbrot, das in die würzige Sauce getunkt wird, ist es ein echtes Erlebnis für alle, die mallorquinische Aromen lieben.

El Cactus zeigt mit dieser Neuauflage, dass Tradition und Moderne wunderbar harmonieren können. Wer wissen will, warum Gäste seit über 25 Jahren von diesem Gericht schwärmen, sollte sich einen Tisch sichern – und am besten etwas mehr Brot bestellen, denn bei dieser Sauce wird garantiert nichts übrig bleiben.

Adresse Carrer d'Elionor Servera 83, 07590 Cala Rajada, www.el-cactus.com, Tel. 0176/38643433 | **ÖPNV** mit diversen Buslinien bis zur Endhaltestelle Cala Agulla in Cala Rajada, von dort 500 Meter zu Fuß | **Öffnungszeiten** täglich 17.30–0 Uhr, Mo geschlossen

88 — Es Coll d'Os
Kleine Enklave

Wer dem Trubel entfliehen, in unvergleichlichem Ambiente speisen und eine andere Seite von Cala Rajada erleben möchte, der findet im Es Coll d'Os einen echten Geheimtipp. Das mallorquinische Restaurant in Familienbesitz schafft es im Alleingang, alle Vorurteile zu zerstreuen, die man gegenüber der Partyhochburg haben könnte. Wobei Cala Rajada inzwischen aus dem Gröbsten raus ist und die ganze Partyszene inklusive deren Besucher leicht angejahrt.

Es Coll d'Os versetzt einen in die Zeit vor dem Tourismus und sogar der Siedlungsgründung. Das Restaurant befindet sich auf einer alten Finca, die einst Teil der ausgedehnten Besitzung Es Cap war. Diese erstreckte sich vom Castell bis zur Landzunge von Capdepera und ist bis heute – in wesentlich kleinerem Umfang – im Besitz derselben Familie geblieben. Der Geist dieser Geschichte ist im Es Coll d'Os noch immer spürbar. Traditionelle Bauweise, Fußböden aus Baletastein, gewebte Teppiche und eine ruhige Eleganz, wie man sie von alten Landhäusern mit angrenzenden Gemüsefeldern kennt. Und das mitten in Cala Rajada – keine zehn Gehminuten vom Hafen! Die alte, aber umfassend renovierte Finca ist heute noch von großen Bäumen und Grün umgeben, sodass man auf der Veranda sitzt wie in einer großzügigen Ausnahme.

Die Küche operiert mit saisonalen und regionalen Produkten und serviert ein sechsgängiges Degustationsmenü, das sich geschmacklich, handwerklich und optisch durchaus mit Sterneküche vergleichen lässt: ambitioniert, abwechslungsreich und kreativ im besten Sinne, dabei aber bodenständig und den Bauern der Umgebung verpflichtet. Das Menü wechselt alle zwei Wochen, die Plätze sind begrenzt, vorab zu reservieren ist also angebracht. Wobei die derzeit 52 Euro, die man dafür zahlt, eigentlich ein Schnäppchen sind. Extra anzureisen ist also so doof nicht, und wenn man eh in Cala Rajada urlaubt, dann muss man dort einfach einkehren!

Adresse Carrer de la Verge de l'Esperança 5, 07590 Cala Rajada, www.escolldos.com, Tel. +34/623235357 | **ÖPNV** mit diversen Buslinien bis zur Endhaltestelle Cala Agulla in Cala Rajada, von dort 450 Meter zu Fuß | **Öffnungszeiten** Anfang April–Ende Okt. jeweils Do–Sa 19–23 Uhr

89 Restaurante del Mar
Sundowner mit Meeresrauschen

Die Meerespromenade von Cala Rajada ist mit Restaurants nur so gespickt, die meisten versuchen mit bunten Aufstellern und abfotografierten Gerichten Gäste anzulocken. Nicht so das del Mar. Das villenartige Ensemble ist leicht zurückversetzt, eine Balustrade schirmt Terrassen und kleinen Garten von der Promenade ab – und es stellt unter den oftmals mehr mit dem Standort als mit der Küche punktenden Einkehrmöglichkeiten direkt am Meer ganz gewiss eine Ausnahme dar.

Cala Rajada galt nämlich lange als das mallorquinische Schlusslicht in Sachen Kulinarik, was auch an den *Guiris* lag, also den Zugezogenen, die hier Imbissbuden und Fast-Food-Lokale aufmachten. Dass es ausgerechnet Eidgenossen waren, die mit dem del Mal vor über einem Jahrzehnt einen Kontrapunkt setzten, kann man heute noch der Karte entnehmen. Diese vereint mediterrane Klassiker, frischen Fisch und landestypische Paella mit Ausreißern wie Zürcher Geschnetzeltem und Rösti. Nicht nur das Betreiberpärchen, auch der Küchenchef stammt aus der Schweiz und Letzterer beugt dem Heimweh vor, indem er nördliche Gerichte in die Karte integriert.

Besonders beliebt ist die Fischplatte mit unterschiedlichen Fischarten, Calamari und anderen Meeresfrüchten. Dass die Zutaten frisch und möglichst regional sind, versteht sich bei der helvetisch-mediterranen Herangehensweise von selbst. Preislich rangiert das Restaurant zwar oberhalb der unmittelbaren Konkurrenz entlang der Promenade, jedoch weit unterhalb der Schweizer Preise. Die Karte ist überschaubar, aber umfassend, von Ceviche über Pasta bis hin zum mallorquinischen Rinderfilet werden eine Menge Geschmäcker abgedeckt – Veganer können sich über eine ambitionierte Poké-Bowl oder über die getrüffelten Gnocchi aus Süßkartoffeln freuen. Selbst die Paella sticht heraus, diese wird nämlich mit hausgemachter Hummerbrühe angesetzt. Das alles mit Blick hinaus aufs Meer.

Adresse Playa Son Moll, Avinguda d'América 31, 07590 Cala Rajada, www.mallorca-delmar.com, Tel. +34/680133381 | **ÖPNV** mit diversen Buslinien zur Haltestelle Magallanes, von dort 300 Meter zu Fuß | **Öffnungszeiten** täglich 17–22 Uhr, Mo und Di geschlossen

CALA RAJADA

90 El Gaucho del Mar
Argentinischer Fleischtempel!

Der Name sagt es bereits, das Gaucho ist ein argentinisch geprägtes Grillrestaurant. Und da liegen seine Stärken, nicht aber in der Pastazubereitung oder in Sachen Pizza. Diese Ergänzungen der Karte sind der zentralen Lage mitten am Hafen geschuldet, wo es gilt, die Bude vollzubekommen und alle möglichen Vorlieben zu bedienen. Das Gaucho verdient die volle Punktzahl jedoch für die Grillgerichte, die Parrilladas – Angusrind-Filet, Burger, Grillplatte das sind die Highlights. Gauchos, die traditionellen Rinderhirten aus Südamerika, sind bekannt für ihre rustikalen Fleischgerichte vor allem gegrilltes Rindfleisch, das im Rahmen eines Asados (Grillfest) auf einem offenen Feuer oder über Grillkohlen zubereitet wird.

Klassiker wie Ribeye, Steak, Entrecôte oder Lomo Alto (Rückenstück) kommen mit dem gewünschten Garpunkt auf den Tisch, der 250-Gramm-Angus-Burger ist eine Legende und sucht vor Ort noch seinesgleichen. Ähnliches gilt für die sagenhaft aromatischen Spareribs – Kartoffelschnitzer dazu, fertig ist das Carnivorenmahl.

Die Atmosphäre ist dabei angenehm locker. Das Gaucho ist trotz der Fleischqualität alles andere als ein steifer Gourmettempel, vielmehr stiftet es einen ungezwungenen Ort, an dem man sich einfach wohlfühlt. Freundlicher Service, eine gut sortierte Weinkarte (Flaschenpreise checken!) und eine Prise südamerikanischer Gastfreundschaft runden das Erlebnis ab. El Gaucho del Mar ist eine Adresse für alle, die es deftig mögen, ohne auf Qualität zu verzichten. Und mit dem Rauschen des Mittelmeers im Hintergrund schmeckt das Steak gleich noch besser.

Ein besonderer Tipp ist das günstige Mittagsmenü in den Sommermonaten, wenn es relativ ruhig ist im Gaucho – die drei Gänge sind zwar vergleichsweise überschaubar, aber gerade deshalb lässt es sich einmal durch die Karte essen, ohne dass man anschließend im Mittelmeer versinkt. Und arm wird man auch nicht.

Adresse am Hafen in der Carrer Castellet 3, 07590 Cala Rajada, Tel. +34/689700102 | **ÖPNV** mit diversen Buslinien zur Haltestelle Magallanes, von dort 300 Meter bis zum Hafen | **Öffnungszeiten** täglich 12.30–1 Uhr, Mi geschlossen

CALA RAJADA

91 Mama Pizza
Balkon mit Belag

Pizza gibt es nun wirklich überall – aber nicht überall gibt es Pizza wie bei Mama. Genau da setzt das Mama Pizza an – und zwar seit fast 40 Jahren, was ein Ausweis der Qualität ist. Knuspriger, hauchdünner Teig, frische Zutaten, perfekte Balance zwischen Boden und Belag. Kein überladener Käse-Berg, keine fetttriefenden Ränder, sondern italienische Handwerkskunst in ihrer besten Form.

Das kleine, bunt dekorierte und abends ebenso bunt beleuchtete Lokal liegt nur einen Steinwurf vom Hafen entfernt und ist kein protziges Szenelokal, sondern eine charmante, familiäre Pizzeria mit herrlich entspannter Atmosphäre. Drinnen herrscht geschäftiges Treiben, im Steinofen flackert die Glut, und der Duft von frisch gebackener Pizza liegt in der Luft. Über 30 Positionen umfasst allein die Pizzakarte, wobei alle Varianten auf Nachfrage auch glutenfrei zu haben sind – von der Margherita über die Spinaci bis zur herausragenden Pizzaiolo mit Fior di Latte (statt einfachem Mozzarella), Rinderfiletstreifen, Kapern und Peperoni. Wer diese oder die Pizza Burrata (mit Feigen und Ibericoschinken!) probiert, versteht, wie Tagesgäste zu Stammgästen wurden und warum Mama auf Online-Foren Jahr für Jahr unermüdlich ausgezeichnet wird. In ähnlich breit gefächerter Auswahl gibt es frische Pasta aus eigener Herstellung – was an sich ja schon selten geworden ist.

Das I-Tüpfelchen aber ist die dem Restaurant vorgelagerte, großzügige Außenanlage, die wie ein Balkon über dem Hafen schwebt. Wobei man abends reservieren sollte, um dort in den Genuss von italienischem Dolce Vita auf Mallorca zu kommen. Beim Wein ist glücklicherweise Schluss mit Italophilie, die hervorragende Auswahl offener Weine stammt komplett aus Mallorca. Darunter gleich vier Rosés, die allesamt kräftig genug sind, um es mit Pizza aufnehmen zu können. Wobei man ja eigentlich Bier zur Pizza trinkt, in Italien.

Adresse Avinguda d'América 31, 07590 Cala Rajada, www.mama-pizza.com, Tel. +34/971563740 | **ÖPNV** mit diversen Buslinien bis zur Endhaltestelle Cala Agulla in Cala Rajada, von dort 500 Meter zu Fuß | **Öffnungszeiten** Mitte April–Mitte Okt. 12–23.30 Uhr

92 Noahs Lounge
Rundumschlag am Hafen

Mit der ganzen Familie unterwegs? Schwierig, alle unter einen Hut zu bekommen? Vor allem wenn es ums Essen geht? Nun, Hilfe ist nah, zumindest wenn man den Nordosten Mallorcas bereist.

Direkt am hübschen Fischerhafen von Cala Rajada bietet das Noahs so ziemlich alles an, was einem nur einfallen kann. Burger? Nicht ganz günstig, aber vier opulente Varianten stehen zur Auswahl. Pizza und Pasta? Absolut. Fleischeslust? Nun, Holzfällersteak, Rinderfilet oder Secreto Iberico? Letzteres ist das »verborgene« Stück vom Iberico-Schwein – eine ungemein zarte und saftige Delikatesse. Fisch gibt es natürlich auch, Fischstäbchen desgleichen. Für vegetarische, vegane und sogar glutenfreie Alternativen ist ebenfalls gesorgt. Es kann also gar nichts schiefgehen.

Die schiere Auswahl soll aber hier gar nicht der Punkt sein, es ist vielmehr die Lage und die unvergleichliche Aussicht auf den Hafen und über die Bucht! Historischer Ortskern und Hafenareal sind vom Bauboom verschont geblieben, sodass Cala Rajadas Zentrum bis heute den Charme eines kleinen Fischerdorfs verströmt.

Im Noahs kann man die Welt vergessen, es ist ein bisschen wie Urlaub im Urlaub. Und deswegen kommen einem die Frühstücksplatten auch so gelegen, weil man so in Lounge-Atmosphäre und mit Meerblick gut gechillt in den Tag schlittert oder anschließend zum Strand weiterzieht ... Traumhaft! Platten heißt in diesem Fall für eine oder zwei Personen und italienisch, französisch, spanisch oder amerikanisch bestückt. Highlight ist das englische Frühstück mit Spiegelei, Würstchen, kross gebratenem Speck, gebackenen Bohnen und Toast sowie Vollkornbrot, Brötchen *und* Baguette *und* Croissant, Butter, Marmelade und, na klar, Nutella! Woanders heißt sowas Brunch und muss vom Buffet organisiert werden. Der nicht ganz günstige Preis ist dadurch wettgemacht, dass man das Mittagessen dann getrost ausfallen lassen kann.

Adresse Avinguda d'Amèrica 1–2, 07590 Cala Rajada, www.cafenoahs.com | ÖPNV mit diversen Buslinien zur Haltestelle Magallanes, von dort 300 Meter bis zur Promenade | **Öffnungszeiten** täglich 9–0 Uhr

93 Royal
Rosin rauspicken

Ein Zwei-Sterne-Koch in Cala Rajada – aber ohne eigenes Restaurant: Frank Rosin, bekannt aus TV-Formaten wie »The Taste« und »Rosins Restaurants«, besitzt in dem Küstenort eine Wohnung, vermietet Ferienunterkünfte und genießt das Inselleben. Wenn er nicht auf Mallorca entspannt, kocht er in seinem Sternerestaurant in Dorsten-Wulfen. Rosin ist ein erklärter Fan von Michelin-Stern-Kollege Genestra und dessen Restaurants auf der Insel. Doch wenn ihn der Hunger in Cala Rajada packt, zieht es ihn nicht in einen Gourmettempel, sondern ins vergleichsweise bescheidene Royal.

Das Royal liegt mitten im Geschehen, an der belebten Promenade von Cala Rajada. Ein Ort, der nicht mit Haute Cuisine protzt, sondern mit ehrlicher, guter Küche überzeugt. Rosin hat dort sogar einen eigenen Weinschrank stehen – gefüllt mit exklusiven Tropfen, die er zusammen mit seiner Sommelière Susanne Spies eigens für sein Restaurant in Deutschland keltern und abfüllen lässt. Hier kann er entspannt ein Glas genießen, während er auf frische mediterrane Gerichte wartet. Denn das Royal setzt auf unkomplizierte, aber geschmackvolle Küche mit hochwertigen Zutaten: frischer Fisch, saftige Steaks, hausgemachte Pasta. Kein Chichi, kein Firlefanz, sondern einfach gut gemacht.

Neben den bodenständigen Gerichten punktet das Royal mit seiner Lage. Man sitzt auf der Terrasse direkt am Yachthafen, schaut dem Treiben zu, spürt die Meeresbrise und genießt ein Ambiente, das entspannt und zugleich lebendig ist. »Ein frischer Fisch vom Grill, mehr brauche ich nicht«, sagt Rosin – und den bekommt er im Royal in Perfektion.

Das Restaurant ist kein Geheimtipp, sondern eine feste und gut besuchte Institution in Cala Rajada. Ein Ort, der Stammgäste hat, weil er nicht auf schnelle Trends setzt, sondern auf Beständigkeit und Qualität. Wer also auf den Spuren eines Sternekochs essen gehen möchte, der sollte im Royal abhängen.

Adresse Carrer d'Elionor Servera 74, 07590 Cala Rajada, Facebook: rteroyal, Tel. +34/971818222 | **ÖPNV** mit diversen Buslinien bis zur Endhaltestelle Cala Agulla in Cala Rajada, von dort 500 Meter zu Fuß | **Öffnungszeiten** täglich 12–0 Uhr

94__ Tango10
Empanadas mit Herz

Nichts ist praktischer, nahrhafter und dabei effektiver für den Geldbeutel als zwei, drei Panades – oder deren argentinisches Pendant, die Empanadas. Diese köstlichen Teigtaschen gibt es mit unterschiedlichsten Füllungen, von klassischem Rindfleisch über würzige Chorizo bis hin zu vegetarischen Varianten mit Spinat und Käse. In Argentinien sind sie allgegenwärtig, in Cala Rajada gibt es sie nur an einem Ort, dafür aber in Perfektion – und zwar bei Tango10.

Dass hier tatsächlich jede einzelne Empanada hausgemacht ist, lässt sich direkt hinter dem Tresen beobachten. Dort stehen Knetmaschinen, Öfen, fleißige Hände, die Teig ausrollen, füllen und falten. Kein industriell vorproduzierter Kram, sondern ehrliches Handwerk. In Cala Rajada heißt es, Tango10 sei sogar noch besser als die argentinische Konkurrenz in Palma – weil hier eine Zutat mit im Spiel sei, die dort fehle, die Liebe. Tango10 ist zudem klassisch unterwegs – keine abenteuerlichen Füllungen oder exotische Zutaten, sondern erprobte Kombinationen wie Käse-Schinken, Thunfisch oder Gemüse. »Sabores auténticos« nennt das der Bäcker und Inhaber. Authentische Geschmacksrichtungen. Und genau das macht den Unterschied.

Der kleine Laden ist kaum mehr als eine Mischung aus Backstube und Take-away mit ein paar Sitzgelegenheiten. Aber was für welche! So charmant eingerichtet, dass Tango10 locker auf Instagram bestehen kann. Vor allem abends, wenn die Lichter angehen, die Holzverblendung beleuchtet wird und die Auslage voller hellbrauner, duftender Empanadas erstrahlt, bekommt man unweigerlich Appetit – und bleibt gern für einen Moment. Abends sind die wenigen Tische vor dem Lokal automatisch voll, aber Empanadas sind ja eh für unterwegs gedacht. Am Hafen ist man in wenigen Minuten, und dort, mit Blick aufs Wasser und einer warmen Teigtasche in der Hand, schmecken sie fast noch besser.

Adresse Carrer de l'Agulla 28, 07590 Cala Rajada | **ÖPNV** mit diversen Buslinien bis zur Endhaltestelle Cala Agulla in Cala Rajada, von dort 350 Meter zu Fuß | **Öffnungszeiten** täglich 11–15 und 18–22 Uhr, Di geschlossen

CALA RAJADA

95 Xiringuito
Chillen mit Meerblick

Schon der Begriff »Xiringuito« klingt für Mallorca-Afficionados nach Sonne, Sand und Sommer – doch seinen Ursprung hat er nicht am Mittelmeer, sondern auf den Zuckerplantagen Kubas. Dort filterten Arbeiter ihren Kaffee durch ein Stofftuch, aus dem langsam ein »chiringo« – ein kleines Rinnsal – tropfte. Die provisorischen Hütten, in denen sie sich während der Pausen stärkten, wurden bald »chiringuitos« genannt. Nach Katalonien kam der Begriff erst viel später: 1913 taufte der Journalist César González Ruano eine kleine Strandbar in Sitges »Chiringuito« – und der Name blieb hängen. Bald verbreitete er sich entlang der gesamten Mittelmeerküste. Erst 1983 schaffte es das Wort offiziell in das Wörterbuch der spanischen Sprache (RAE), doch so richtig ins kollektive Gedächtnis brannte es sich durch den Sommerhit von Georgie Dann. »El Chiringuito« machte die kleinen Strandbars endgültig zum Inbegriff von Urlaubsflair.

Und genau dieses Flair fängt das Xiringuito von Cala Rajada perfekt ein. Direkt an der Promenade gelegen, bietet es von der vorgelagerten Terrasse aus einen unschlagbaren Blick auf das tiefblaue Mittelmeer und bis zum Hafen – die perfekte Kulisse für einen kühlen Drink und fangfrische Meeresfrüchte. Ob knusprige Padrón-Peperoni, Aioli mit hausgemachtem Brot oder Thunfischsteak – hier gibt's authentische Mittelmeerküche ohne Firlefanz, Xiringuito halt.

Mit entspannter Musik, einer leichten Meeresbrise und einer kühlen Caña in der Hand wird klar: Das Xiringuito ist weit mehr als eine einfache Strandbar. Es ist ein Ort, an dem die Zeit ein wenig langsamer vergeht – und genau das macht seinen Reiz aus.

Georgie Dann singt: »Yo tengo un chiringuito / A orilla de la playa / Lo tengo muy bonito / Y espero que tú vayas.« Auf Deutsch: »Ich hab' ein Chiringuito / direkt am Meeressaum / Ich hab' es so schön, und hoff'/ du kommst bald mal rum.«

Adresse Avinguda d'Amèrica 34, 07590 Cala Rajada, www.lafamiliasonmoll.com, Tel. +34/971564170 | ÖPNV mit diversen Buslinien zur Haltestelle Magallanes, von dort 500 Meter bis zur Promenade | Öffnungszeiten ab Ende März zunächst täglich von 12–18 Uhr, mit fortschreitender Saison ausgeweitete Öffnungszeiten

CANYAMEL

96 — Can Simoneta
Mexikanisch-mallorquinische Preziosen

Das Can Simoneta ist nicht nur ein exklusives Fünf-Sterne-Hotel mit nur 26 Zimmern und atemberaubendem Meerblick, sondern auch eine der herausragenden kulinarischen Adressen an der Nordküste Mallorcas. Das hoteleigene Restaurant steht externen Gästen offen und setzt auf kreative mediterrane Küche mit einem klaren Fokus auf hochwertige, regionale Zutaten. Unter der Leitung von Küchenchef David Moreno bietet das Restaurant ein Degustationsmenü, das die kulinarischen Traditionen des Mittelmeerraums mit lebhaften mexikanischen Aromen verbindet. Fisch und Meeresfrüchte stammen aus den Gewässern rund um die Insel, Fleisch von sorgfältig ausgewählten Produzenten, das Gemüse aus nachhaltigem Anbau. Die Atmosphäre ist stilvoll, aber entspannt – ein kulinarisches Erlebnis, für das man sich schick macht, aber ohne überzogene Förmlichkeit.

Die mehr als ein Dutzend Gänge des abendlichen Degustationsmenüs spiegeln Morenos Reisen zwischen Mallorca und Mexiko wider, indem sie traditionelle Zutaten beider Regionen kombinieren. Moreno verfeinert all dies durch avantgardistische Küchentechniken und serviert kleine Kunstwerke – absolut sternewürdig und Michelin steht sogar schon vor der Tür. Das Restaurant wurde vom Guide Michelin bereits erwähnt, der die überraschende Kombination von mexikanischen und mallorquinischen Aromen sowie die spektakuläre Lage auf einer Klippe mit atemberaubendem Blick auf das Mittelmeer hervorhebt. Eine Auszeichnung ist also nur noch eine Frage der Zeit.

Spektakulär ist das Setting inmitten der ungemein ruhigen und weitläufigen Anlage des Hotels allemal. Serviert wird auf der Terrassenlandschaft unter Pinien mit Blick über die Bucht von Canyamel – eine Bühne für den Sonnenuntergang und perfekt für ein romantisches Dinner in einzigartiger Kulisse. Wer hier speist, erlebt Mallorca mit allen Sinnen. Unbedingt im Voraus reservieren.

Adresse Hotel Can Simoneta, Carretera Artà–Canyamel Km 8, 07580 Capdepera, www.torredecanyamel.com/de/gastronomie/can-simoneta/, Tel. +34/971816110 | **ÖPNV** mit der Buslinie 424 bis zur Haltestelle Canyamel/Coves d'Artà, von dort 15 Minuten Fußweg | **Öffnungszeiten** täglich 19–22.30 Uhr

97 Ristorante Peperoncino
La Prima, la Seconda e la Dolce Vita

Vom Peperoncino heißt es, es sei wie guter Wein – mit den Jahren wird es einfach nur besser. Manche Gäste planen ihren Mallorca-Kurzurlaub rund um einen Besuch in der Trattoria oder reisen eigens deswegen an. Es ist also keineswegs übertrieben zu sagen, dass das Peperoncino längst Kultstatus genießt.

In Son Servera, einem kleinen Ort nahe (aber nicht an) der Ostküste Mallorcas, serviert das Peperoncino seit Jahren authentische italienische Küche – fernab der Touristenströme, aber auf einem Niveau, das längst über die Region hinaus für Aufsehen sorgt. Hier gibt es keine aufgeblasenen Food-Kreationen, sondern ehrliche, perfekt ausgeführte Klassiker, die man am liebsten immer wieder bestellen würde.

Die Speisekarte ist eine Hommage an die große italienische Kochkunst: hausgemachte Pasta, knusprige Pizza aus dem Steinofen, delikate Antipasti und sorgfältig zubereitete Fisch- und Fleischgerichte. Doch trotz aller Raffinesse bleibt die Küche unprätentiös und verständlich. Hier geht es nicht um Show, sondern um reinen Geschmack. Die Zutaten stammen entweder direkt aus Italien oder von sorgfältig ausgewählten Produzenten auf Mallorca – ein Versprechen für beständige Qualität. Und genau das macht das Peperoncino aus. Es ist nicht nur hervorragend, sondern auch verlässlich. Egal, ob Fisch oder Fleisch, Pasta oder Pizza – Fehler kann man hier keine machen. Außer vielleicht, die Speisenfolge aus Primo, Secondo und Dolce zu vernachlässigen.

Auch das Ambiente trägt zum unverwechselbaren Charme der Trattoria bei. Die Innenräume verströmen mit rustikalem Chic und liebevollen Details eine warme, familiäre Atmosphäre. Draußen auf der Terrasse unter freiem Himmel lässt es sich wunderbar entspannen. Wer einmal hier gesessen hat, wird verstehen, warum das Peperoncino mehr ist als nur ein Geheimtipp – es ist eine Institution. Und wer einmal da war, kommt wieder. Immer wieder.

Adresse Plaça de Sant Joan 15, 07550 Son Servera, www.peperoncino.es, Tel. +34/971817382 | **ÖPNV** mit der Buslinie 412 bis Son Servera Sud, von dort wenige Minuten zu Fuß | **Öffnungszeiten** täglich 12.30–15 und 18.30–23 Uhr, Di geschlossen

CALA MILLOR

98__Bonanza
Platzhirsch

Toni sei schon gut – auch das Tomei! Aber im Bonanza gäbe es halt noch richtige Küche. Fragt man in Cala Millor nach einer guten Gastro-Adresse, wird man im Bonanza landen. Richtige Küche läuft in diesem Fall auf den riesigen Grill hinaus und darauf, dass sich das Lokal auf Fleisch und Barbecue spezialisiert hat. Was man hingegen nicht findet, ist jener gastromische Rundumschlag, mit dem man es andernorts absolut jedem Gast recht machen will.

Das loungeartige Ambiente liegt leicht ab vom Schuss und täuscht. Das Bonanza gibt es seit über vier Jahrzehnten, also fast seit den Anfängen des Massentourismus. Auch deswegen ist das Restaurant bei den Einheimischen so gut beleumundet. Trotz des Fokus' auf Grill und Fleisch steht Fisch ebenso auf der Speisekarte wie Paella und eine bemerkenswerte Auswahl an Pa amb Oli – das traditionelle Gericht Mallorcas schlechthin. Der Name bedeutet »Brot mit Öl« – und genau das ist die Basis. Geröstetes oder frisches Bauernbrot, das mit Knoblauch und halbierten Tomaten eingerieben und anschließend großzügig mit Olivenöl beträufelt wird. Oft wird es nur mit Meersalz bestreut und kann pur genossen werden. Daneben wird Pa amb Oli mit Belägen wie Käse, Schinken, Wurst (beispielsweise Camaiot oder Sobrasada) oder gegrilltem Gemüse serviert. Ein einfaches, aber unglaublich aromatisches Gericht, das die Essenz der mallorquinischen Küche – frische, hochwertige Zutaten – perfekt verkörpert. Im Bonanza ideal als Vorspeise geeignet, denn die Steaks kommen ohne Beilage und zwar von Black Angus über T-Bone bis zum berühmten Secreto de Ibérico ... Wer zu zweit ist und sich mit Entscheidungen schwer tut, wählt einfach eine der beiden Grillplatten.

Es kann voll werden im Bonanza, vor allem abends und aufgrund der weitläufigen Außenterrasse. Ein Tipp ist daher das dreigängige Mittagsmenü, das zudem vergleichsweise günstig ist. Also besser keine Vollpension buchen!

Adresse Carrer Cristofol Colom 114, Sant Llorenç des Cardassar, 07560 Cala Millor, www.restaurantebonanza.com, Tel. +34/971585052 | **ÖPNV** mit der Buslinie 401 bis zur Haltestelle Cala Nau, von dort 7 Minuten zu Fuß | **Öffnungszeiten** täglich 8–2 Uhr

99   Bon Gust
Mittags wie ein König

Mal ein unschlagbar günstiges Mittagsmenü genießen? Absolut möglich, aber nur jenseits aller touristischen Schneisen. Und genau dort, im absoluten Off, im toten Winkel all des Boheis liegt Manacor. Dort lebt die Tradition fort, innerhalb der ausgedehnten Mittagspause zusammen mit Freunden oder Arbeitskollegen zu speisen – in einer einfachen Bar und einfache Gerichte. Das heißt, ganz so einfach ist es wiederum auch nicht, denn selbst die simpelste Bar offeriert ein Menü und hat verschiedene Gänge zur Auswahl. So auch das Bistro Bon Gust am zentralen Platz Ramon Llull.

Es handelt sich um eines dieser klassischen Eck-Lokale mit Außenbestuhlung, die kaum herausstechen und in ihrer Normalität und Alltäglichkeit das auch gar nicht wollen. Ähnliches gilt für die Küche. Das Bon Gust ist kein Ort für kulinarische Extravaganzen, sondern für ehrliche, bodenständige Küche. Gekocht wird für wiederkehrende Gäste, für die Stammkundschaft. Schon deswegen muss die Qualität gewahrt bleiben, schon deshalb darf man preislich nicht übertreiben. Nur würde man sich andernorts nach dem, was auf Mallorca als bodenständig gilt, die Hände schlecken. Kalamari oder Salat mit Schinken und Roquefortsauce zur Vorspeise, Lende mit Pfeffersauce oder gebratener Kabeljau als Hauptspeisen, Desserts zur Auswahl, Wasser, kleines Bier oder ein Glas Wein ist sogar inkludiert. Unter 15 Euro kostet der Spaß – das ist der Knaller! Wo bitte bekommt heute dafür noch ein ganzes Menü?

Wenn eine Position zur Neige geht, dann ist man eben zu spät dran. Nur so lässt sich das Mittagsmenü vernünftig kalkulieren, die Karte wechselt regelmäßig. Wer früh genug dran ist, kann übrigens für ein ähnlich opulentes und knapp kalkuliertes Frühstück vorbeischauen. Und neben dem Mittagsmenü steht einem noch die normale Karte zur Verfügung, samt den Variets – das ist die mallorquinische Form von Tapas.

Adresse Plaça de Ramon Llull 9, 07500 Manacor, Tel. +34/971425777 | **ÖPNV** mit der Zuglinie T3 bis Manacor, 12 Minuten zu Fuß in die Innenstadt | **Öffnungszeiten** täglich 8–0 Uhr, Sa und So ab 9 Uhr

VILAFRANCA DE BONANY

100__ Es Cruce
Fünf Tonnen für Sant Marc

Auf Mallorca gilt der Evangelist Markus als Schutzpatron der Schnecken. An Sant Marc, seinem Todestag (25. April), müssen deshalb traditionell Schnecken auf den Tisch kommen: »Qui menja caragols per Sant Marc, té salut tot l'any.« Wer an Sankt Markus Schnecken esse, werde das ganze Jahr über fit bleiben.

Sowohl die Schneckenzucht als auch der Verzehr erleben auf der Insel derzeit eine Renaissance. Zur unangefochtenen Hochburg des Schneckenschmauses hat sich das Restaurant Es Cruce kurz vor Manacor an der M 15 entwickelt. Dank seiner verkehrsgünstigen Lage und beeindruckenden Kapazität von 650 Plätzen wandern hier um den 25. April sage und schreibe fünf Tonnen Schnecken über den Tresen – ein großer Teil davon auch kilo- oder portionsweise zum Mitnehmen. Wobei die Weichtiere das ganze Jahr über auf der Karte sind, wie sämtliche anderen mallorquinischen Klassiker auch. Das Cruce ist bei den preis- und traditionsbewussten Insulanern als Ausflugslokal äußerst beliebt, hierhin führt man ganze Großfamilien aus.

Die schiere Bedarf lässt keinen Zweifel daran, dass diese Schnecken nicht mehr unter den Steinen der Serra de Tramuntana weggeklaubt werden. Die meisten Schnecken, die auf den Tellern der mallorquinischen Gastronomie landen, werden aus Murcia und Marokko importiert. Nur ein kleinerer Teil stammt aus lokalen Zuchten, etwa von Farmen rund um das Dorf Muro. Während Restaurants auf zuverlässige und konstante Lieferungen setzen, finden wild gesammelte Schnecken ihren Weg heute meist nur noch in private Haushalte.

Das Datum von Sant Marc fällt übrigens in die Nähe von Ostern und also der christlichen Fastenzeit – eine Zeit, in der Schnecken von Mönchen und Nonnen gern gegessen wurden, da sie nicht als Fleisch galten. Das dürfte der Ursprung des Brauches sein und auch von Markus' mallorquinischem Zweitjob. Wobei der Evangelist als Schutzpatron der Schnecken ja eher versagt hat …

Adresse Carretera Palma–Manacor Km 41, 07250 Vilafranca de Bonany, www.restaurantescruce.com, Tel. +34/971560073 | **ÖPNV** von Villafranca mit dem Taxi in 3 Minuten | **Öffnungszeiten** täglich 6–22.45 Uhr, Sa und So 7–23.15 Uhr, Di geschlossen

CALA D'OR

101 — Yaya's
Unbedingt anlegen!

Im Herzen des malerischen Yachthafens von Cala d'Or, direkt an der Bucht und mit Blick auf einen kleinen Wald aus Schiffsmasten, liegt das Yaya's – ein Ort, der lockere Eleganz mit kulinarischer Raffinesse zu verbinden weiß. Hier treffen mediterrane Aromen auf asiatische Einflüsse, ohne dabei aufgesetzt oder bemüht zu wirken. Das Konzept ist so einfach wie genial: Teilen steht im Mittelpunkt. Die Gerichte kommen in tapasartigen Portionen, perfekt zum gemeinsamen Probieren, Kombinieren und Genießen. Man bestellt eine Vielzahl kleiner Teller und bastelt sich so sein ganz eigenes Geschmacksfeuerwerk.

Die Küche spielt virtuos mit Kontrasten, ohne sich in unnötigen Spielereien zu verlieren. Das Thunfischtatar wirkt auf den ersten Blick klassisch, bekommt aber durch Wakame-Algen und einen Hauch Wasabi eine elegante, fernöstliche Note. Die Garnelen werden auf mallorquinische Art gegrillt und mit einer satten Portion Knoblauch serviert – und dann überrascht eine würzige Sojasauce den Gaumen. Fischkroketten kommen mit einer Currymayo daher, die Zwiebelringe schwingen sich süß-sauer zwischen Asien und Mittelmeer ein. Alles schmeckt harmonisch, durchdacht und trotzdem angenehm unkompliziert. »Mediterrasian« nennt das Yaya's diesen Stil, und wer sich nicht entscheiden kann (oder will), überlässt einfach dem Koch die Auswahl: Sieben Tapas-Starter nach seiner Empfehlung gibt es zum Sonderpreis. Bis 17 Uhr steht zudem ein dreigängiges Mittagsmenü auf der Karte – mit einer vollwertigen Hauptspeise wie Surf & Turf aus Rinderfilet und Garnelen oder einem Meeresfrüchterisotto mit Thai-Curry-Sauce.

Das Yaya's lebt von seiner großzügigen, hellen Terrasse mit Blick auf die Marina. Geöffnet hat es nur in den Sommermonaten – genau dann, wenn die Atmosphäre hier am besten zur Geltung kommt: entspannt, stilvoll und immer ein bisschen nach Meer schmeckend.

Adresse Port Petit 313, 07660 Cala d'Or, www.yayas-calador.com, Tel. +34/971658027 | **ÖPNV** von Campos mit der Buslinie 515 bis zur Station Marina in Cala d'Or, von dort 10 Minuten zu Fuß | **Öffnungszeiten** April–Okt. täglich 11–22.30 Uhr

102 _ Laudat
Schlicht und einfach!

Das Laudat liegt recht unauffällig in einer Seitenstraße in Santanyí, und man würde achtlos vorübergehen, wäre da nicht dieses kleine rote Schild mit einer Empfehlung des Michelin. Nach falscher Aufmerksamkeit heischt der Betreiber Miguel Laudat nun wirklich nicht, und das gilt auch für seine Küche. Er hätte gewiss nichts dagegen, diese als schlicht zu betiteln.

Wobei einfach zu kochen gar nicht so einfach ist! Im Laudat geht es darum, ausschließlich allerbeste Zutaten zu verwenden und diese glänzen zu lassen. Zum Beispiel verwendet Miguel das lokale Olivenöl, das mehrfach ausgezeichnet wurde. Frisches, knusprig-fluffiges Brot wird samt Öl eingangs serviert und ist nicht nur das Signum des Laudat sondern auch der ganzen Insel. Wer einmal reife Tomatenscheiben mit richtig gutem Öl probiert hat, vergisst das nicht wieder! Der »Fang des Tages« ist wirklich einer, die Fischer beliefern das Restaurant direkt. Mallorquinische Klassiker findet man auf der Karte jedoch nicht, stattdessen allerhand Verfeinerungen und Kombinationsfreude, was Texturen angeht. Der Ibericoschinken kommt mit den klassischen Melonenscheiben *und* einer Joghurtsauce, die Tomatenvariation wird von Burratta, Rucola und altem Balsamico-Essig begleitet. Ähnlich bei den Hauptgerichten: Quinoa, Safran, Miso, Madeira heißen die Nebendarsteller, die die Protagonisten in Szene setzen. Es ist diese Experimentierfreude und Sicherheit des Kombinierens, die den Michelin von »mediterran-inspiriert« schreiben ließ. Miguel Laudat legt sich nicht fest, außer auf herausragende Zutaten! Die Hausweine lässt er eigens abfüllen, schlicht um eine entsprechende Qualität zur Verfügung zu haben, einfach, aber gut!

Wie die Karte strahlt auch das Interieur zeitgemäße Klarheit und Schnörkellosigkeit aus, nüchtern ist es deswegen jedoch nicht. Ganz großartig sitzt man im kleinen Innenhof – unter Zitronenbäumchen.

Adresse Carrer de Sant Andreu 18, 07650 Santanyí, www.restaurantlaudat.com, Tel. +34/615961948 | **ÖPNV** mit den Buslinien 515, 516 oder 517 ins Zentrum von Santanyí, wenige Minuten zu Fuß | **Öffnungszeiten** täglich 18–22.30 Uhr, Mi und Sa zusätzlich 12–15 Uhr, So geschlossen

COLÒNIA DE SANT JORDI

103 — Cassai Beachhouse
Fluchtort

Vor allem feiertags und sonntags kann es im Cassai Beachhouse so voll werden, dass die Kellner nicht mehr hinterherkommen. Das liegt an der außergewöhnlichen Atmosphäre des alten, weiß getünchten Hauses und dem noch außergewöhnlicheren Standort direkt am Meer. Letzteres wäre auf Mallorca ja nichts Besonderes, aber wir reden vom Meer an der Südspitze der Insel mit bestem, ja allerbestem Blick in den Sonnenuntergang und auf das kleine Eiland Sa Cabrera. Veranda und Terrasse des Cassai finden sich unmittelbar an der felsigen Bucht, mit der Siedlung Colònia de Sant Jordi im Rücken. Mit einem Wort: ein Fluchtort in Weiß und Blau, an dem man die Zeit vergisst.

Die Atmosphäre und die solide Auswahl an klassischen Cocktails an der Bar ist schon Grund genug, hier abends aufzuschlagen. Denn die Gerichte sind es nicht immer, obwohl vieles zunächst gut klingt und Anspruch vermittelt, auch preislich. Angesichts der vielversprechenden Karte darf aber bezweifelt werden, dass all diese Versprechen auch eingelöst werden können von Tapas und Sushi über Thunfischtatar und Entrecote vom Angusrind bis hin zur Paella. Kreativität attestiert sich das Management selbst, aber es fehlt ein Konzept. Das Cassai ist ein wunderbares Beispiel dafür, wie man die eigene Küche überfordern kann und vielleicht sogar die Gäste. Deshalb am besten etwas Einfaches wie Pa amb Oli bestellen und eine Flasche Wein dazu – ja doch, eine ganze Flasche! Erstens sind die Flaschenpreise auf Mallorca nicht so hoch wie in Deutschland, zweitens wollen wir doch verweilen und drittens steht mit dem AN2 der Zweitwein von Ànima Negra auf der Weinkarte, ein Rotweincuvée aus Mallorca, das ein gutes Jahr im Fass gelegen hat. Also ein reifer, ausgewogener und ausgesprochen samtiger Roter aus den autochthonen Sorten Mantonegra, Callet und Fogoneu. Und zwar für nicht mal das Doppelte, was er im Laden kosten würde.

Adresse Calle Major 21, 07638 Colònia de Sant Jordi, www.cassaibeachhouse.com, Tel. +34/971070939 | **ÖPNV** mit der Buslinie 517 bis zur Haltestelle Constitució, von dort 3 Minuten zu Fuß | **Öffnungszeiten** täglich 12–1 Uhr

104 Panadería Pons
Urweizen und Spanferkel

Die Colònia de Sant Jordi ist bekannt für ihre Traumstrände, doch wer durch den Ort schlendert, sollte nicht nur ans Baden denken – sondern auch an eine Pause in der Panadería Pons. Seit Jahrzehnten ist die Bäckerei eine feste Größe, mit Rezepten, die von Generation zu Generation weitergegeben werden und das traditionelle Handwerk hochhalten.

Sonntagvormittags bildet sich vor Pons zuverlässig eine Schlange bis fast um die Ecke – die Locals stehen an. Kein Wunder, denn hier gibt es alles, was das Herz begehrt, von Ensaïmadas und knusprigen Cocas bis zu herzhaften Empanadas und Sauerteigbroten aus mallorquinischem Urweizen. Gerade für Letzteres ist Pons berühmt geworden. Als einer der Ersten setzte er wieder auf Xeixa, den fast vergessenen, nussig-milden Inselweizen, der leichter verdaulich ist und weniger Gluten enthält als der ertragreichere Importweizen. Heute baut er ihn selbst an und kombiniert ihn mit verschiedenen Mehlsorten, um seinen Broten ganz eigene Noten zu verleihen.

Seit Cosme Pons Geburtsjahr 1967 steht die Panadería seines Vaters für Qualität und Handwerkskunst. Der Holzofen läuft bis heute fast rund um die Uhr – morgens für Brot und Gebäck, später für herzhafte Spezialitäten wie Spanferkel und Lamm, die mit Kartoffeln und Gemüse verkauft werden. Früher brachten die Dorfbewohner ihr eigenes Spanferkel hierher, weil die häuslichen Öfen zu klein waren, heute gibt's das fertige Festmahl direkt aus der Backstube. Ein heißer Tipp für ein rustikales Dinner to go im Anschluss an einen Badetag.

Das Sortiment hat sich stetig weiterentwickelt, insbesondere seit Cosme Pons übernommen hat – und dabei keine Angst vor Experimenten zeigt. Neben mallorquinischen Klassikern gibt es inzwischen fluffige Buttercroissants, aromatische Mehrkornbrote und lange gereifte Sauerteigwaren. Was funktioniert, bleibt. Was keiner will, fliegt raus. So einfach ist das.

Adresse Carrer Major 20, 07638 Colònia de Sant Jordi, www.panaderiapons.com | **ÖPNV** mit der Buslinie 517 ab Campos bis zur Haltestelle Constitució, von dort keine 2 Minuten | **Öffnungszeiten** täglich 7–19 Uhr, So bis 13.30 Uhr, Mo Ruhetag

SES SALINES

105 — Casa Manolo
In dritter Generation

Dieses Familienrestaurant bietet seit 80 Jahren traditionelle Fischgerichte. Die fangfrischen Fische und die beliebte Paella Marinera in ungezwungener Atmosphäre machen Casa Manolo zur Institution nahe der südlichen Küste. Das Ecklokal war ursprünglich eine Wein- und Spirituosenhandlung, begann dann Tagesgerichte anzubieten, zunächst für Arbeiter und Fischer. Inzwischen wird die Bodega in dritter Generation geführt, und Casa Manolo gilt als allererste Adresse, wenn es um Fisch und Meeresfrüchte geht. Berühmt und beliebt ist die erwähnte Paella, die Reispfanne Arroz de Notari kommt sogar mit elf verschiedenen Fischsorten. Calamar a la Potera (Tintenfisch) gilt als Delikatesse. Statt mit dem Netz wird er einzeln in der Dämmerung mit einer speziellen Angelmethode gefangen. Dabei greifen gebogene Haken die Tentakel, ohne das zarte Fleisch zu verletzen. Der Fang erfordert Geduld, denn Tintenfische wechseln ständig Ort und Tiefe. Umso besser, wenn's klappt. Das Ergebnis ist außergewöhnlich zart und geschmacklich top. Ganz genauso wie der Fisch in Salzkruste. Sie wirkt wie ein Schutzmantel und schließt Feuchtigkeit und Aromen ein, sodass der Fisch im eigenen Dampf gart – sanft, gleichmäßig und ohne auszutrocknen. Gleichzeitig bildet das Salz eine harte Hülle, die Hitze abhält und so verhindert, dass das Eiweiß im Fisch zu schnell gerinnt oder austritt. Versalzen ist der Fisch deshalb nicht, weil das Salz die Haut versiegelt, aber kaum ins Fleisch eindringt.

Das Restaurant bietet sowohl Innenplätze als auch charmante Tische auf dem Platz neben der Kirche, ideal zum Beobachten des lebhaften Treibens. Die Wände des Innenraums sind mit Fotos und Zeitungsausschnitten geschmückt, die die reiche Geschichte des Hauses widerspiegeln. Die Atmosphäre ist ungezwungen und einladend, was die Casa Manolo zu einem beliebten Treffpunkt für Einheimische und Besucher macht.

Adresse Plaça Sant Bartomeu 2, 07640 Ses Salines, www.bodegabarahona.es, Tel. +34/971649130 | **ÖPNV** mit der Buslinie 517 bis zur Haltestelle Ses Creus am Ortseingang | **Öffnungszeiten** täglich 11–15.30 und 19–22.30 Uhr, So abends geschlossen

106 Bodegas Bordoy
Vespern im Natursteinensemble

Bordoy sei wohl Mallorquín für Bordeaux, meinte mal ein Witzbold. Ganz falsch lag er damit nicht, auch wenn die Weine der Bodegas Bordoy auf völlig anderem Terrain gedeihen: in der Küstenregion von Llucmajor, im trockenen Süden der Insel. Dort, wo der Wind vom Meer herüberweht und der Boden aus »terra de marès« besteht – jenem hellen, porösen Sandstein, der aus versteinerten Dünen entstanden ist. Kein fruchtbares Ackerland, sondern karge, steinige Erde, die die Reben zwingt, tief zu wurzeln und um jeden Tropfen Wasser zu kämpfen. Perfekte Bedingungen also für niedrige Erträge und hohe Qualität.

Seit der Gründung im Jahr 1993 verfolgt die Bodega das Ziel, mallorquinische Weine mit Charakter zu schaffen – keine Massenware, sondern authentische Tropfen mit Prägung durch das Terroir. Der Geschmack der Weine soll die Böden und Bedingungen widerspiegeln.

Auf über 20 Hektar wachsen autochthone Sorten wie Prensal Blanc, Giró Ros oder Callet, ergänzt durch internationale Klassiker wie Chardonnay oder Cabernet Sauvignon. Der Einfluss des Meeres macht sich dabei in den Weinen bemerkbar: frische, mineralische Noten, sprich eine latente Salzigkeit, gepaart mit mediterraner Wärme, insbesondere der Rotweine. Was jetzt nicht nur so daher gesagt ist, sondern sich im Rahmen einer Verkostung auf dem Weingut überprüfen lässt. Die Bodegas Bordoy servieren jeweils fünf ihrer Weine unter realitätsnahen Bedingungen, also als Essensbegleiter! Brotzeit oder Vesper würde man im Norden die bunten Platten wohl nennen, die als Pa-amb-Oli-Variation oder vegetarische Auswahl vorbestellt werden können und im bildschönen Außenbereich des Natursteinensembles der zentralen Finca auf die Tische kommen: Bauernbrot, Serrano-Schinken, mallorquinische Käsesorten, Chorizo, Salchichón, Oliven, Sobrasada oder aber Humus, Nüsse, Oliven, Gemüse vom Grill ... dazu lokale Weine, was will man zu Mittag mehr?

Adresse Carretera Cabo Blanco Km 10, 07620 Llucmajor, www.bodegasbordoy.com |
ÖPNV von Llucmajor oder S'Arenal 20 Minuten mit dem Taxi | **Öffnungszeiten**
Degustation jeweils Mo–Fr 10–11.30 und 12–13.30 Uhr, nur mit Reservierung über die Website

LLUCMAJOR

107 — Quina Brasa
Mit dem Feuer spielen

Im Zentrum von Llucmajor, dort wo sich der zentrale Platz weitet und die Zeit einen Gang zurückzuschalten scheint, lockt ein Restaurant mit dem Duft von Feuer und Fleisch: Quina Brasa, ein Paradies für Liebhaber der Grillkunst. Der Name, der auf Katalanisch »Welch ein Grill« bedeutet, ist hier Programm: Das Restaurant ist bekannt für seine exzellenten Fleischgerichte, die über offenem Feuer beziehungsweise Holzkohle zubereitet werden. Die Atmosphäre verbindet rustikalen Charme mit modernem Flair, was sowohl Einheimische als auch Besucher anzieht.

Die überaus fleischlastige Küche dreht sich also um das Ursprüngliche, um das, was Menschen seit Jahrtausenden zusammen an ein Feuer treibt. Und das Feuer ist hier kein dekoratives Element, sondern Herzstück und Hauptdarsteller. Fleisch über Holzkohle gart anders, weil es extremerer Hitze ausgesetzt ist – deutlich heißer als jede Pfanne. Die Glut strahlt intensive, trockene Hitze ab, die quasi sofort für eine kräftige Kruste sorgt und daher Saftigkeit einschließt und bewahrt. Entscheidend ist auch das Aroma. Holzkohle verleiht dem Fleisch eine rauchige, tiefe Note, die in der Pfanne schlicht fehlt. Statt Öl, Butter oder Bratfett schmeckt man Feuer und Glut – pur, direkt, archaisch.

Aber auch Gemüse – Fenchel, Zwiebeln, Paprika – werden auf dem Grill zu Stars, ihre karamellisierte Süße gibt ihnen eine Tiefe, die man im Kochtopf nie erreicht. Selbst Artischocken dürfen auf den Rost, gern auch ganze Fische, die sich danach mit dem Löffel zerteilen lassen, ohne auch nur eine Spur trocken zu sein. Die Karte wechselt kaum, stattdessen perfektioniert man hier die Zubereitung. Steaks und bestimmte Cuts kann man vorbestellen, sodass diese optimal präpariert, mariniert oder vorgewürzt werden können. Wer herausragendes Fleisch liebt, hat in Llucmajor also eine Anlaufstation gefunden. Wer Feuer liebt, sowieso.

Adresse Plaça Espanya 5, 07620 Llucmajor, quinabrasa@gmail.com, Tel. +34/971664615 | **ÖPNV** mit der Buslinie 501 bis zur Haltestelle Llucmajor centre, von dort 10 Minuten zu Fuß | **Öffnungszeiten** täglich 13–22.30 Uhr, So 13–15.30 Uhr, Mo geschlossen

108 Son Mut Nou
Beim Herrn der Feigen

Niemand kennt die Vielfalt der Feigen besser als Montserrat Pons. Er hat es sich zur Lebensaufgabe gemacht, die wertvollen Varietäten zu bewahren. Auf den 18 Hektar seines Anwesens Son Mut Nou bei Llucmajor hat er knapp 3.000 Feigenbäume angepflanzt, über 1.300 verschiedene Sorten – einige davon so selten wie die gestreifte »Damenhals«. 250 davon stammen allein von den Balearen. Früher hatte jedes Dorf seine eigenen Feigenbäume: eine Sorte zum Essen, eine zum Trocknen und eine dritte als Schweinefutter. Durch die Isolation der Dörfer entstanden im Laufe der Jahrhunderte viele einzigartige Sorten, die zur heutigen Vielfalt führen. Für Pons ist die Feige ein Kulturgut Mallorcas, das die Menschen mehr beeinflusst hat als Olive und Weizen. Sie sei das Brot der Armen und das Dessert der Reichen gewesen.

Der Feigenbaum soll im ersten Jahrhundert nach Christus mit den Phöniziern auf die Insel gekommen sein, wo er ideale Bedingungen vorfand. Die Ernte der Feigen im Spätsommer erledigten auf den Landgütern früher die Frauen. Ausgestattet mit Körben, Sonnenhüten und dreibeinigen Leitern, sangen sie traditionelle Erntelieder. Die grünen Feigen wurden meist getrocknet, während die dunklen violetten zum Einmachen verwendet wurden. Aufgrund der großen Mengen an Feigen verfütterten die Mallorquiner einen erheblichen Teil an die schwarzen Schweine, was das Fleisch besonders aromatisch machte. Den Feigenbaum schätzten sie nicht nur wegen seiner Früchte, sondern auch als schnell wachsenden Schattenspender. Während in den 1950er Jahren noch über 20.000 Hektar mit Feigenbäumen auf der Insel bepflanzt waren, sind es heute nur noch rund 800.

Dreimal wöchentlich öffnet Pons seinen Garten für Besucher, die im Spätsommer für drei bis fünf Euro pro Kilo selbst Feigen ernten können. Im gutseigenen Laden werden zudem Produkte wie Konfitüre, Likör, Chutney, Feigenessig und Feigenbrot angeboten.

Adresse Camí des Palmer, 07609 Llucmajor, www.montserratpons.es, Tel. +34/646633259 |
ÖPNV mit der Buslinie 501 bis Llucmayor, die restlichen 7 Kilometer mit dem Taxi |
Öffnungszeiten Di, Do und Sa 8–13 Uhr

LLUCMAJOR

109 — Hotel Zoëtry
Sterneküche mit Bodenhaftung

Andreu Genestra steht schon seit über zehn Jahren als Chef in seiner eigenen Küche, führt inzwischen drei Unternehmen auf der Insel und gilt doch weiterhin als Wunderkind. Der Grund seines Erfolges ist zum einen der Boden, den er samt Team bewirtschaftet: Gemüse und Kräuter baut der Sternekoch bei Capdepedra selbst an und setzt dabei auf mallorquinische Varietäten und lokale Gartenbaumethoden. »Null-Kilometer-Zutaten« nennt Genestra das und bezeichnet Nachhaltigkeit als den Kern seiner Herangehensweise, seiner »Cuina de Terra« – Küche der Erde.

Klingt rustikal, ist es aber nicht. Denn das war es schon mit der Tradition. In der Küche kommen jene Verfeinerungsmethoden zum Zuge, die dem Michelin schon vor Jahren einen Stern wert waren: Mallorquinische beziehungsweise mediterrane Zutaten werden mit raffinierten Küchentechniken zu kleinen Kunstwerken zusammengesetzt. »Mediterranean« heißt daher nicht nur das Konzept, sondern so nennen sich auch die drei unterschiedlichen Menü-Varianten, die Genestras Brigade serviert.

Bis 2023 residierte das Restaurant noch auf einer Finca im Nordosten der Insel, inzwischen ist Genestra in das Fünf-Sterne-Hotel Zoëtry bei Llucmajor umgezogen – ein monumentales Anwesen aus dem 14. Jahrhundert. Das neue Projekt sei noch »anspruchsvoller«, urteilt der Michelin und lässt ahnen, dass bald der zweite Stern folgen könnte. Zeit also, Genestra einen Besuch abzustatten. Bald schon könnte die Reservierungsliste länger und länger werden, die Menüs teurer.

Im Zoëtry inszeniert Genestra das Dinner als umfassende Erfahrung, serviert den Gästen noch im Hof Vorspeisen, bevor jene in den Speisesaal umziehen. Dort lässt sich Genestra konsequent über die Schulter schauen: Die Küche ist nach allen Seiten offen. Herkunft, Qualität, Zubereitung, der Spitzenkoch hat nichts zu verbergen. Im Gegenteil, im Zoëtry lässt sich gut protzen.

Adresse Camí de Sa Torre 7, 07609 Llucmajor, www.andreugenestra.com, Tel. +34/971070873 | **ÖPNV** von Llucmajor oder S'Arenal 20 Minuten mit dem Taxi | **Öffnungszeiten** Mi–So 19–21.30 Uhr, Reservierung erforderlich

ALGAIDA

110 Es 4 Vents
Nichts Besonderes

Das Restaurant zu den vier Winden öffnete bereits 1980 seine Türen und gilt als absoluter Klassiker. Wenn man die Küche grundsolide nennt, ist das also ein Lob und nicht despektierlich gemeint. Das 4 Vents liefert ab. Egal was: Fleisch, Fisch, Vorspeisen und Paella in diversen Varianten. 40 Jahre auf dem Buckel zu haben, ist auf Mallorca keine Kleinigkeit, noch dazu wenn das Restaurant eben nicht an der Küste (und nicht auf die Saison fixiert ist), sondern mitten in Es Pla liegt und der Adresse eine Kilometerangabe beifügt. Mit einem Wort: Wer in einem Ausflugslokal speisen will wie eine mallorquinische Großfamilie anlässlich eines Hochzeitstages, der ist hier goldrichtig.

Denn das Lustige auf Mallorca ist, dass die Einheimischen auf der einen und die Zugezogenen sowie die Touristen auf der anderen Seite grundverschiedene Vorstellungen von Gastronomie haben. Die Letzteren wollen es rustikal, gemütlich, aber irgendwie schick und besonders, wohingegen die Mallorquíns mit Experimenten und Chichi so gar nichts am Hut haben: Das Zeugs soll so schmecken, wie es schmecken soll und immer geschmeckt hat. Punkt. Der Preis muss zudem stimmen und die Portionsgröße auch. Außerdem will man auf der Karte Gerichte finden, die man kennt und erwartet. Keine Überraschungen bitte und wenn dann beim Dessert. Das lassen die Insulaner meist eh aus – denn sobald das mit der Familie erledigt ist, geht es ja anschließend noch in die Bar und auf einen Hierbas … Was soll da zuvor der Süßkram, der ist für vormittags!

Das Es 4 Vents ist durchaus elegant und trumpft auf, sobald bei manchen Gerichten Foie Gras im Spiel ist – das dient der Show, genauso wie die Tischdecken und das gediegene Ambiente. Das ist quasi alles nicht ernst gemeint, ernst wird es beim Frit mallorquin oder bei den Schnecken. Das muss sitzen, sonst wären die Gäste weg. Und das sind sie nicht, seit über 40 Jahren.

Adresse Carretera Manacor Km 21.7, 07210 Algaida, www.es4vents.com, Tel. +34/971665173 | **ÖPNV** mit der Buslinie 401 bis zur Haltestelle S'hostal, von dort 7 Minuten zu Fuß | **Öffnungszeiten** täglich 12.30 – 16 und 19 – 22.30 Uhr, Di geschlossen, Reservierung empfohlen

111 Purobeach
White Lotus Reloaded

Ach, sollten Sie zufällig nicht mit dem Billigflieger, sondern mit der Yacht Palma ansteuern, dann können Sie gleich hier ankern: am Beachclub Purobeach. Der Name könnte auch ein Duftkerzenkreation oder eine Bademodenlinie aus Kopenhagen sein. Stattdessen steckt einer der bekanntesten Beachclubs der Insel dahinter – direkt vor Palmas Haustür und so durchinszeniert, wie es sich gehört, wenn internationale Klientel »Boho-Vibes« lebt. Schon beim Betreten weht der erste Vorhang: weiß, transparent, dramatisch. Danach: weißer Baldachin, weiße Daybeds, weißes Servicepersonal (was die Uniformen betrifft, versteht sich) – und ab dem frühen Abend ein ewig gut gelaunter DJ, der dezent Ibiza-Gefühl in Dauerschleife auflegt.

Wer das alles ironisch findet, ist nicht unbedingt fehl am Platz: Denn Purobeach ist trotz aller Klischees ein echter *place to be*, macht einen halben Tag lang wirklich Laune und das nicht nur wegen des stylischen Szenarios. Vor allem die Lage ist irre: eine ins Meer hineingebaute Plattform am Rand der Bucht von Palma, eine Minihalbinsel mit Blick auf das glitzernde Wasser, die ein- und auslaufenden Yachten, im Hintergrund noch das Panorama der Kathedrale – kein schlechter Ort, um sich einen Signature-Cocktail zu ordern und die Sonnenbrille zurechtzurücken.

Wenn man in kulinarischer Hinsicht sagen muss, dass die Karte nichts vermissen lässt, dann weil die Küche drauflosfusioniert, was das Zeug hält: Die sogenannte M3-Karte (Miami, Marrakesch Melbourne – wir erwähnten bereits die Duftkerze?) bringt Thunfischtataki, asiatisch inspirierte Salate, Fisch-Tacos, Wok-Gerichte und auch mal ein Dry-Aged-Steak und den adipösen »Puro-Burger«, der alles andere als puristisch belegt ist. Serviert wird im Innenbereich, auf der loungeartigen Terrasse und am Pool. Ja, es gibt einen Pool! Doch, doch, Massagen kann man auch buchen. Noch Fragen?

Adresse Carrer del Pagell 1, 07610 Cala Estancia, www.purobeach.com/en/beach-club-palma, Tel. +34/971744744 | **ÖPNV** mit der Buslinie 35 bis zur Haltestelle Camí De Can Pastilla, von dort 7 Minuten zu Fuß | **Öffnungszeiten** nur mit Reservierung, Buchung von Restauranttisch und/oder Daybed über die Website; Küchenzeiten Ende Mai–Mitte Sept. täglich 12–22 Uhr, bis Ende Okt. und ab Ende März 12–17.45 Uhr

Sa Calobra
61
Escorca
Port de Sóller
Fornalutx
59
58
57
Sóller
Deià
60
Mancor de la Vall
Orient
62
63
Valldemossa
56
Alaró
Port des Canonge
Bunyola
Binissalem
65
64
54
Banyalbufar
Consell
55
Esporles
Estellencs
Santa Maria del Camí
Puigpunyent
Establiments
12
Santa Eugenia
PALMA
32
Pòrtol
36
25
s'Hostalot
s'Arracó
Sant Elm
Es Capdellà
38
15
Andratx
Calvià
51
3
Son Gual
Port d'Andratx
Bendinat
Ses Illetes
111
Peguera
Son Caliu
52
Can Pastilla
Santa Ponça
Portals Nous
53
Magaluf
s'Arenal
Llucmajor
Cala Vinyes
Sol de Mallorca
Cala Blava
Sa Morería
108
106
109
Sa Torre
Cala Pi
N
0
4 km

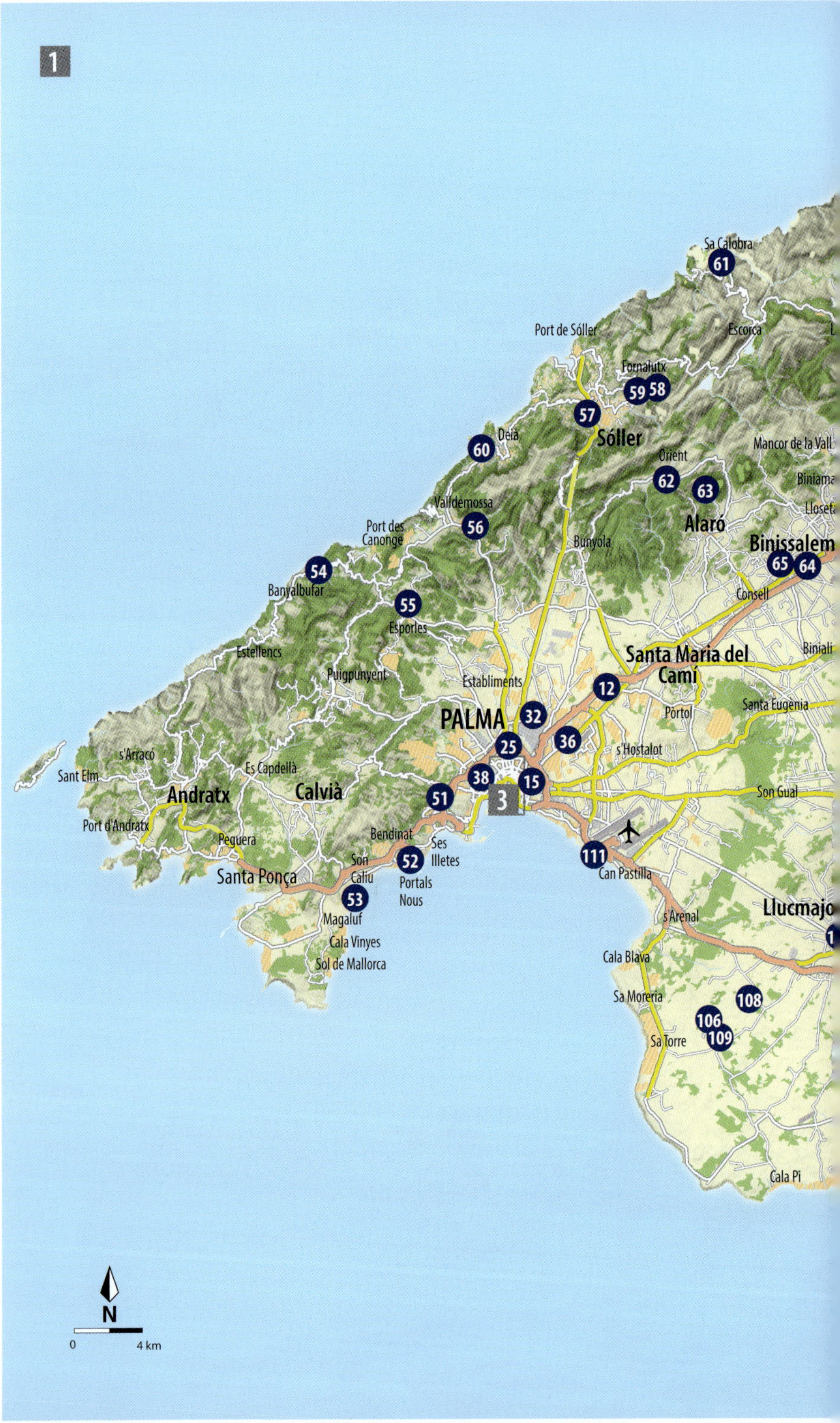

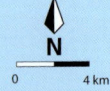

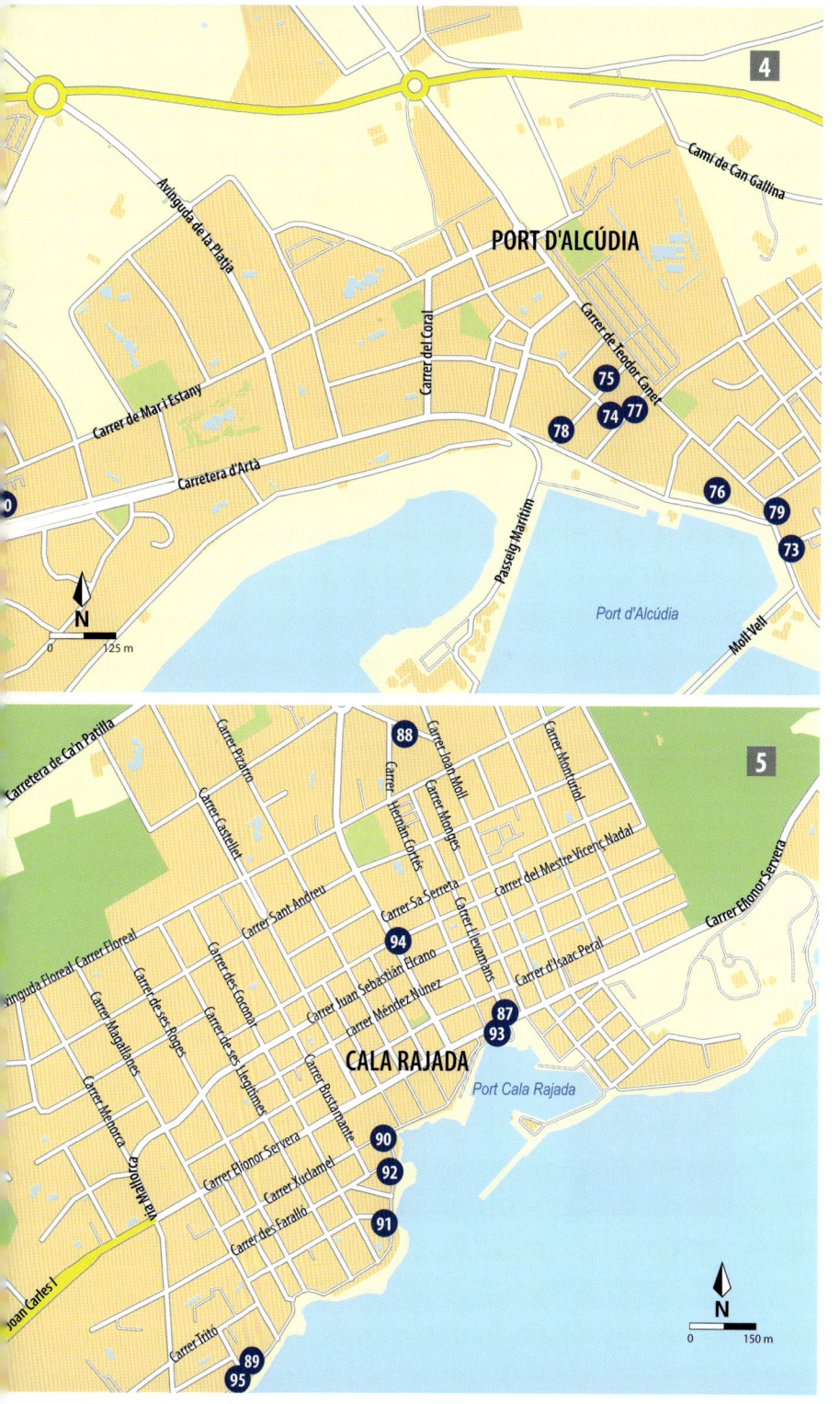

Carsten Henn, Torsten Goffin
111 Mal lecker essen in Köln
ISBN 978-3-7408-2121-0

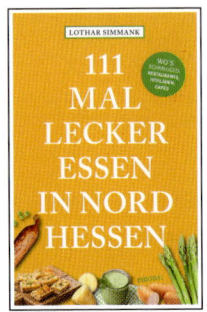

Lothar Simmank
111 Mal lecker essen in Nordhessen – Wo's schmegged
ISBN 978-3-7408-2061-9

Evelyn Pschak von Rebay
111 Mal sauguad essen in München
ISBN 978-3-7408-2202-6

Gisela Hopfmüller, Franz Hlavac
111 Genüsse in Friaul und Julisch Venetien, die man probiert haben muss
ISBN 978-3-7408-2022-0

Rüdiger Liedtke
111 Orte auf Mallorca, die man gesehen haben muss
ISBN 978-3-7408-2239-2

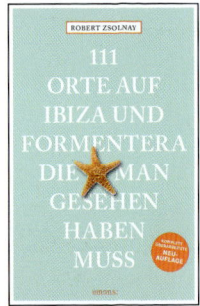

Robert Zsolnay
111 Orte auf Ibiza und Formentera, die man gesehen haben muss
ISBN 978-3-7408-1979-8

Andreas Drouve
111 Orte im Baskenland, die man gesehen haben muss
ISBN 978-3-7408-2023-7

Jörg Dauscher
111 Orte in und um Meran, die man gesehen haben muss
ISBN 978-3-7408-2154-8

Jörg Dauscher
111 Orte in Bozen, die man gesehen haben muss
ISBN 978-3-7408-1897-5

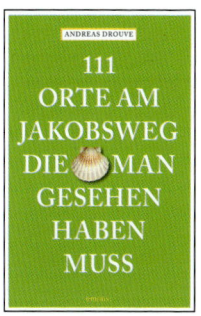

Andreas Drouve
111 Orte am Jakobsweg, die man gesehen haben muss
ISBN 978-3-7408-1092-4

Rolando Grumt Suárez
111 Orte in Barcelona, die man gesehen haben muss
ISBN 978-3-7408-0994-2

Rolando G. Suárez
111 Orte auf Gran Canaria, die man gesehen haben muss
ISBN 978-3-7408-0436-7

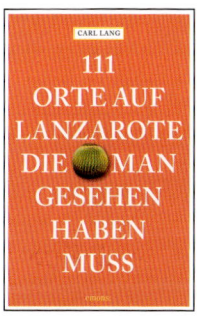

Carl Lang
111 Orte auf Lanzarote, die man gesehen haben muss
ISBN 978-3-7408-0836-5

Kathleen Becker
111 Orte in Lissabon, die man gesehen haben muss
ISBN 978-3-7408-2323-8

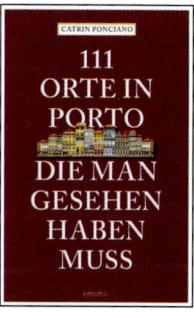

Catrin Ponciano
111 Orte in Porto, die man gesehen haben muss
ISBN 978-3-7408-1978-1

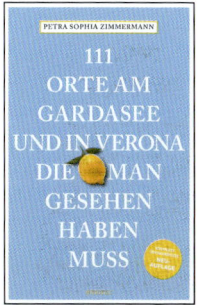

Petra Sophia Zimmermann
111 Orte am Gardasee und in Verona, die man gesehen haben muss
ISBN 978-3-7408-2457-0

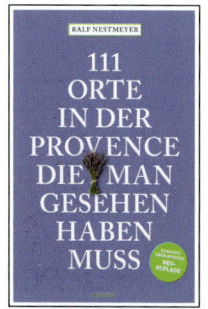

Ralf Nestmeyer
111 Orte in der Provence, die man gesehen haben muss
ISBN 978-3-7408-2458-7

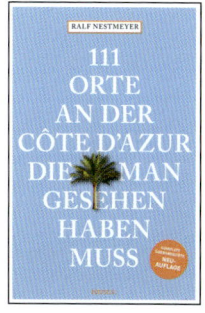

Ralf Nestmeyer
111 Orte an der Côte d'Azur, die man gesehen haben muss
ISBN 978-3-7408-2459-4

Marcus X. Schmid
111 Orte in der Bretagne, die man gesehen haben muss
ISBN 978-3-7408-2262-0

Martin Droschke
111 Biere aus Baden-Württemberg, die man getrunken haben muss
ISBN 978-3-7408-2408-2

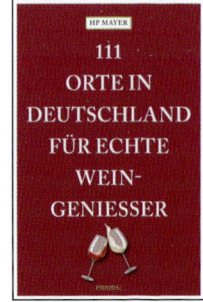

HP Mayer
111 Orte in Deutschland für echte Weingenießer
ISBN 978-3-7408-2201-9

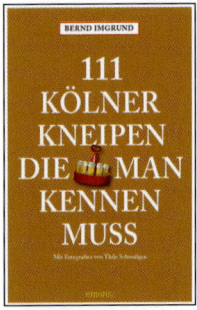

Bernd Imgrund
111 Kölner Kneipen, die man kennen muss
ISBN 978-3-7408-2544-7

Martin Roos,
Jean-Claude Bourgueil
111 Orte in der Champagne, die man gesehen haben muss
ISBN 978-3-7408-2538-6

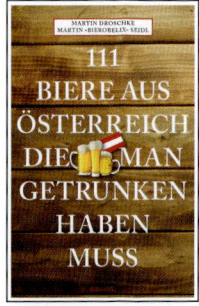

Martin Bierobelix Seidl,
Martin Droschke
111 Biere aus Österreich, die man getrunken haben muss
ISBN 978-3-7408-2114-2

Thomas Rosky
111 (Klein)Gartenlokale in und um München, die man kennen muss
ISBN 978-3-7408-1453-3

Ulrich Kohlmann
111 Weinorte in der Toskana, die man gesehen haben muss
ISBN 978-3-7408-1741-1

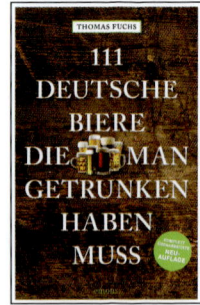

Thomas Fuchs
111 Deutsche Biere, die man getrunken haben muss
ISBN 978-3-7408-1801-2

Fotonachweis

Ort 1: Anita Cakes; Ort 2: Aromata; Ort 3: iStock/pmmart; Ort 4: Bàrbar; Ort 5, 6, 7, 8, 9, 12, 13, 16, 17, 18, 20, 21, 23, 24, 25, 27, 28, 29, 30, 31, 32, 34, 35, 36, 37, 38, 39, 41, 43, 44, 45, 46, 47, 48, 49, 54, 55, 57, 58, 61, 64, 65, 71, 72, 73, 74, 75, 76, 77, 78, 79, 80, 81, 86, 88, 89, 90, 91 oben, 92, 93, 94, 95, 97, 98, 99, 104, 106: Jörg Dauscher; Ort 10: iStock/Larysa Lyundovska; Ort 11: iStock/caroljulia; Ort 14: Emilio's Innobar; Ort 15: The Federal; Ort 19: iStock/Kyrylo Baranovskyi; Ort 22: Marc Fosh; Ort 26: iStock/kimikosuzaki; Ort 33: Kris Hoobaer; Ort 40: © Julio Feroz; Ort 42: La Nueva Burguesa; Ort 50: iStock/Belen Uzcategui; Ort 51: iStock/Lea Baruh; Ort 52: Hotel Bendinat/xiscomonserrat; Ort 53: The Blue Bar; Ort 56: iStock/NekomuraKatsuo; Ort 59: Ritma; Ort 60 oben: Franziska Emons-Hausen, unten: mauritius images/Tolo Balaguer/Alamy/Alamy Stock Photos; Ort 62: iStock/seraficus; Ort 63 oben: mauritius images/Tolo Balaguer/Alamy/Alamy Stock Photos, unten: mauritius images/LademannMedia/Alamy/Alamy Stock Photos; Ort 66, 68: iStock/Neme Jimenez; Ort 67: iStock/travellinglight; Ort 69: Quely; Ort 70: Miceli; Ort 82: Fusion19; Ort 83: mauritius images/Ulrich Fuchs/imageBROKER; Ort 84: iStock/Balate Dorin; Ort 85: iStock/Ines Fraile; Ort 87: El Cactus; Ort 91 unten: iStock/Frank Goma; Ort 96: Can Simoneta; Ort 100: mauritius images/Tolo Balaguer/Alamy/Alamy Stock Photos; Ort 101: iStock/Sstajic; Ort 102: Laudat; Ort 103: Zuckermomente Photography/www.zuckermomente.com; Ort 105: mauritius images/Zoonar GmbH/Alamy/Alamy Stock Photos; Ort 107: Quina Brassa; Ort 108: iStock/Simon Dux; Ort 109: Hotel Zoëtry/Genestra; Ort 110: iStock/shphys36; Ort 111: Purobeach

Jörg Dauscher wuchs in Mittelfranken auf und ging zum Studium nach Berlin. Eher unabsichtlich machte er dort Karriere als Weinhändler und unternahm zahlreiche Ausflüge in die Gastronomie – und zwar sowohl in den Service als auch in die Küche. 2016 packte er den Rucksack, verließ dauerhaft die Stadt und landete vorübergehend auf Mallorca. Auf der Insel der Fülle merkte er schnell, dass man zwar einen Job aufgeben kann, nicht aber die Leidenschaft.